Khalil Gibran
Und die Hoffnung ging vor mir her

Khalil Gibran

Und die Hoffnung ging vor mir her

Eine Anthologie
herausgegeben von Volker Fabricius

Walter Verlag
Zürich und Düsseldorf

Die Deutsche Bibliothek – CIP-Einheitsaufnahme

Ğibrān, Ğibrān: Halil:
Und die Hoffnung ging vor mir her: eine Anthologie / Khalil Gibran.
Hrsg. von Volker Fabricius. –
Zürich; Düsseldorf: Walter, 1999
ISBN 3-530-10020-x

Satz: Fotosatz Moers, Mönchengladbach
Druck und Einband: Clausen & Bosse, Leck
ISBN 3-530-10020-x

Inhalt

Von der Jugend

Vision

Die Jugend ging vor mir her, und ich folgte ihren Spuren, bis wir ein entferntes Feld erreichten. Dort hielt sie an und betrachtete die wandernden Wolken, die sich wie eine Herde weißer Schafe vom Abendhimmel abhoben, so wie die Bäume, die ihre entlaubten Zweige nach oben reckten, als ob sie den Himmel anflehen wollten, ihnen ihren grünen Blätterschmuck zurückzugeben. Da fragte ich:

«Wo sind wir, o Jugend?»

Sie antwortete: «Auf dem Feld des Zweifels. Hab acht!»

«Laß uns zurückkehren», bat ich, «denn die Einsamkeit des Ortes flößt mir Angst ein, und der Anblick der wandernden Wolken und der nackten Bäume betrübt meine Seele.»

Sie sagte: «Hab Geduld, denn der Zweifel ist der Beginn der Erkenntnis.»

Ich sah mich um und erblickte eine Nymphe, die wie ein Geist auf uns zukam. Ich rief erstaunt:

«Wer ist das?»

Sie entgegnete: «Das ist Melpomene, die Tochter Jupiters, und die Muse der Tragödie.»

Ich fragte: «Und was will die Tragödie von mir, während du, fröhliche Jugend, an meiner Seite bist?»

Sie sagte: «Sie kam, um dir die Erde und ihre Sorgen zu zeigen, denn wer die Trauer nicht sieht, kann auch die Freude nicht kennen.»

Die Nymphe legte ihre Hände auf meine Augen, und

als sie sie wieder wegnahm, sah ich mich getrennt von meiner Jugend und entblößt vom Gewand der Materie. Ich fragte:

«Wo ist die Jugend, Tochter der Götter?»

Sie antwortete mir nicht; statt dessen umhüllte sie mich mit ihren Flügeln und flog mit mir auf den Gipfel eines hohen Berges. Da sah ich die Erde und alles, was sie enthält, wie eine Buchseite vor mir ausgebreitet, und die Geheimnisse ihrer Bewohner standen wie geschriebene Zeilen vor meinen Augen. Ich blieb ehrfurchtsvoll neben der Nymphe stehen, las die Geheimnisse der Menschen und suchte die Rätsel des Lebens zu deuten. Ich sah, und ich hätte gewünscht, nicht gesehen zu haben. Ich sah die Engel der Glückseligkeit mit den Teufeln des Unglücks kämpfen, und der Mensch befand sich zwischen beiden, bald zur Hoffnung, bald zur Verzweiflung neigend. Ich sah die Liebe und den Haß mit dem Herzen des Menschen spielen: Diese verhüllte seine Schuld, machte ihn trunken vom Wein der Hingabe und löste seine Zunge zum Lob und Preis, jene erregte seine Begierden, machte ihn blind für die Wahrheit und verschloß seine Ohren vor gerechter Rede. Ich sah die Stadt wie ein Straßenmädchen sich am Rockzipfel des Menschen anklammern. Dann sah ich in der Ferne die weite Wüste über den Menschen weinen.

Ich sah die Priester schlau und heuchlerisch wie Füchse und die falschen Propheten, welche die Neigungen der Seele durch Schmeicheleien überlisten. Der Mensch rief die Weisheit um ihren Beistand an, doch die Weisheit floh, verärgert darüber, daß er nicht auf sie gehört hatte, als sie ihn auf der Straße in aller Öffentlichkeit gerufen hatte. Ich sah die Mönche ihre Augen vielmals zum Himmel erheben, während ihre Herzen in den Gräbern der Begierde weilten. Ich hörte Jugendliche munter über die Liebe reden, während sie sich ihr in sorgloser Hoffnung näherten, doch ihre Göttlichkeit ist weit entrückt, und ihre Gefühle schlafen. Ich sah die Gesetzgeber Handel treiben mit wortreichem Gerede auf dem Markt des Betrugs und der Heuchelei; und die Mediziner sah ich das Vertrauen der Unwissenden ausnutzen. Ich sah den Ignoranten neben dem Weisen sitzen; wie er seine Vergangenheit auf den Thron der Erde hebt, seine Gegenwart sorgfältig bettet und seiner Zukunft ein komfortables Lager bereitet. Ich sah die Armen säen, während die Reichen ernteten und aßen. Die Ungerechtigkeit stand daneben, und die Menschen hielten sie für das Gesetz.

Ich sah den Dieb der Nacht den Tresor der Vernunft stehlen, während die Wächter des Lichts daneben schliefen. Ich sah die Frau als Laute in der Hand eines Mannes, der nicht auf ihr zu spielen versteht, und die Töne, die er ihr entlockt, mißfallen ihm. Ich sah Phalangisten die Stadt der Edlen belagern, und ich sah Bataillone im Rückzug, weil sie zu klein sind und nicht zusammenhalten. Ich sah die Freiheit einsam durch die Straßen gehen und an den Türen um Einlaß bitten, doch die Menschen verweigerten ihr den Eintritt. Dann sah ich die Selbstsucht in großer Prozession durch die Straßen schreiten, die Menschen folgten ihr und priesen sie als Freiheit.

Ich sah die Religion in Büchern begraben, und die Illusion nahm ihren Platz ein. Ich sah den Menschen die

Geduld als Feigheit beschimpfen, die Ausdauer als Unentschlossenheit und die Freundlichkeit als Furcht. Ich sah, wie der Ungeladene während des Banketts Reden hielt, der geladene Gast hingegen schwieg. Ich sah Reichtum in den Händen des Verschwenders als Netz für seine Bosheit und in den Händen des Geizigen als Rechtfertigung seines Menschenhasses. Doch in den Händen des Weisen sah ich kein Geld.

Als ich das alles gesehen hatte, rief ich enttäuscht:

«Ist das wirklich die Erde, Tochter der Götter? Und ist das der Mensch?»

Sie entgegnete ruhig: «Das ist der Weg der Seele, bedeckt mit Dornen und Kletten. Und das ist der Schatten des Menschen. Es ist die Nacht, und der Morgen wird kommen.»

Dann legte sie ihre Hände auf meine Augen; als sie sie wieder wegnahm, sah ich mich und meine Jugend, wie wir langsam auf dem Feld spazierten. Und die Hoffnung ging vor mir her.

Eine Träne und ein Lächeln

Von den Kindern

Und eine Frau, die einen Säugling an der Brust hielt,
sagte:
Sprich uns von den Kindern.
Und er sagte:
Eure Kinder sind nicht *eure* Kinder.
Sie sind die Söhne und Töchter der Sehnsucht des Le-
bens nach sich selber.
Sie kommen durch euch, aber nicht *von* euch,
Und obwohl sie mit euch sind, gehören sie euch doch
nicht.
Ihr dürft ihnen eure Liebe geben, aber nicht eure Ge-
danken,
Denn sie haben ihre eigenen Gedanken.
Ihr dürft ihren Körpern ein Haus geben, aber nicht
ihren Seelen,
Denn ihre Seelen wohnen im Haus von morgen, das ihr
nicht besuchen könnt,
nicht einmal in euren Träumen.
Ihr dürft euch bemühen, wie sie zu sein, aber versucht
nicht, sie euch ähnlich zu machen.
Denn das Leben läuft nicht rückwärts, noch verweilt es
im Gestern.
Ihr seid die Bogen, von denen eure Kinder als lebende
Pfeile ausgeschickt werden.
Der Schütze sieht das Ziel auf dem Pfad der Unend-
lichkeit, und er spannt euch mit seiner Macht, damit
seine Pfeile schnell und weit fliegen.

Laßt euren Bogen von der Hand des Schützen auf Freude gerichtet sein;
Denn so wie er den Pfeil liebt, der fliegt, so liebt er auch
den Bogen, der fest ist.

Der Prophet

Geschichte eines Freundes

Ich kannte ihn als einen jungen Mann, verloren auf dem Pfad des Lebens, gelenkt von den Taten seiner Jugend, der beim Verfolgen seiner Wünsche sein Leben aufs Spiel setzte. Ich kannte ihn als eine zarte Blüte, die ein leichter Windstoß in die Meerestiefen der Leidenschaft getragen hatte.

Ich kannte ihn in jenem kleinen Dorf als einen boshaften und streitsüchtigen Jungen, der die Vogelnester mit seinen Fingern zerpflückte und die Vogeljungen tötete. Mit seinen Füßen zertrat er die Blumen – ihre Schönheit vernichtend. Ich kannte ihn in der Schule als einen heranwachsenden Jüngling, der weit davon entfernt war, Wissen zu erwerben, vielmehr zu Hochmut und Arroganz neigte und ein Feind der Ruhe war.

Ich kannte ihn in der Stadt als einen jungen Mann, der mit der Ehre seines Vaters Handel trieb auf dem Marktplatz der Eitelkeiten. Er vergeudete dessen Reichtümer an unehrenhaften Plätzen und verschrieb sich dem Wein.

Trotz allem liebte ich ihn. Ich liebte ihn mit einer Liebe, in die sich Bedauern und Besorgnis mischten. Ich liebte ihn, denn seine verwerflichen Handlungen waren nicht das Ergebnis eines beschränkten Geistes, sondern die Taten einer schwachen und verzweifelten Seele.

Die Seele, ihr Menschen, weicht nur widerwillig vom Weg der Weisheit ab und kehrt bereitwillig darauf zurück. Gewöhnlich bricht in der Jugendzeit ein Orkan aus, der Staub und Sand mit sich führt; er füllt damit die Augen, um sie zu schließen und zu blenden – und oft schließt er sie für eine lange Weile.

Ich liebte diesen Jüngling und blieb ihm treu, denn ich hatte erlebt, wie die Taube seines Gewissens mit dem Geier seiner Missetaten kämpfte; und wenn die Taube besiegt wurde, so war es wegen der Stärke ihres Gegners und nicht ihrer Feigheit wegen. Das Gewissen ist ein gerechter, aber schwacher Richter. Seine Schwachheit steht der Verwirklichung des Rechtmäßigen zuweilen im Wege.

Ich sagte, daß ich ihn liebte, aber die Liebe hat vielerlei Formen: manchmal erscheint sie uns als Weisheit, manchmal als Gerechtigkeit, ein anderes Mal als Hoffnung. Meine Liebe zu ihm war meine Hoffnung, daß das Licht seiner Sonne über die Finsternis seiner Handlungen die Oberhand gewinnen würde. Aber ich wußte nicht, wie und wann sich das Unreine in Reines und die Bosheit in Friedfertigkeit wandeln würden. Der Mensch weiß nicht, auf welche Weise die Seele aus der Knechtschaft der Materie befreit wird – außer nach ihrer Befreiung. Und er weiß auch nicht, wie eine Blume lächelt – außer nach der Ankunft des Morgens.

Die Tage folgten den Nächten auf den Fersen, und ich erinnerte mich an diesen Jüngling mit schmerzlichem Bedauern. Sooft ich seinen Namen aussprach, tat ich es mit einem Seufzer, der aus den Tiefen meiner Seele kam.

Gestern erhielt ich einen Brief von ihm, in dem er

schrieb: «Komm zu mir, mein Freund, denn ich möchte dich mit einem jungen Mann bekannt machen. Dein Herz wird sich über diese Begegnung freuen, und diese Bekanntschaft wird deinen Geist erfrischen.»

Ich sagte mir: «Schade! Sucht er dieser betrüblichen Freundschaft eine andere ihrer Art hinzuzufügen? Ist er nicht allein ein ausreichendes Beispiel, die Zeilen des Irrtums aufzuzeigen? Muß er dieses Beispiel nun noch ergänzen durch Zeilen seiner Freunde, damit mir auch ja kein Buchstabe aus dem Buch der Irrtümer entgeht?»

Dann sagte ich mir: «Geh hin! Die Seele kann dank ihrer Weisheit auch aus Disteln Feigen pflücken, und das Herz schöpft dank seiner Liebe Licht aus Finsternis.»

Als der Abend kam, ging ich zu ihm hin. Ich traf meinen Freund allein in seinem Zimmer – vertieft in die Lektüre eines Gedichtbandes. Ich begrüßte ihn. Und während ich mich über das Buch in seinen Händen wunderte, fragte ich ihn:

«Wo ist denn dein neuer Freund?»

«Ich bin es, mein Freund, ich bin es!» erwiderte er.

Dann setzte er sich mit einer Besonnenheit, die ich an ihm nicht kannte. Er schaute mich an, und in seinen Augen war ein seltsamer Glanz, der mein Herz berührte. Diese Augen, in denen ich bisher nichts anderes als Härte und Gewaltsamkeit wahrgenommen hatte, strahlten nun ein Licht aus, welches das Herz wärmte. Dann sagte er mit einer Stimme, von der ich glaubte, daß sie von einem anderen stammte:

«Wahrlich, derjenige, den du in seiner Kindheit gekannt hast, dessen Schulkamerad du warst und den du in seiner Jugend begleitet hast, er ist gestorben. Und bei seinem Tod wurde ich geboren. Ich bin dein neuer Freund. Nimm meine Hand!»

Ich nahm seine Hand und fühlte bei der Berührung einen friedlichen Geist mit dem Blut durch die Adern fließen. Seine rohe Hand war sanft und weich geworden. Ihre Finger, die gestern noch den Krallen des Tigers glichen, streichelten sanft mein Herz.

Dann sagte ich (könnte ich mich doch genau an meine seltsamen Worte erinnern):

«Wer bist du? Was ist geschehen, daß du so geworden bist? Hat dich der Geist als Tempel erkoren und dich geheiligt, oder spielst du mir die Rolle eines Dichters vor?»

Er antwortete mir:

«O mein Freund, der Geist ist tatsächlich auf mich herabgekommen und hat mich geheiligt. Eine große Liebe hat mein Herz zu einem Altar gemacht. Es ist eine Frau! Eine Frau – gestern hielt ich sie noch für ein Spielzeug des Mannes – hat mich errettet aus der Finsternis der Hölle und mir die Tore des Paradieses geöffnet. Und ich bin eingetreten. Die wahre Frau hat mich an den Jordan ihrer Liebe geführt und mich darin getauft. Sie, deren Schwestern ich in meiner Dummheit verachtete, hat mich auf den Thron der Ehre erhoben. Sie, deren Begleiterinnen ich in meiner Unwissenheit entehrte, hat mich geläutert durch ihre Liebe. Sie, deren Artgenossinnen ich unterjochte, hat mich befreit durch ihre Liebe ... Sie, die den ersten Mann aus dem Garten Eden vertrieb durch die Stärke ihres Begehrens und durch seine Schwäche, hat mich ins Paradies zurückgeführt durch ihre Zärtlichkeit und meinen Gehorsam.»

In diesem Augenblick sah ich ihn an und bemerkte Tränen in seinen Augen, ein Lächeln auf seinen Lippen, und der Glanz der Liebe krönte ihn. Ich näherte mich ihm und küßte ihn auf seine Stirn, wie der Priester den Altar küßt. Dann verabschiedete ich mich von ihm und wiederholte mir seine Worte:

«Sie, die den ersten Mann aus dem Garten Eden vertrieb durch die Stärke ihres Begehrens und seine Schwäche, hat mich ins Paradies zurückgeführt durch ihre Zärtlichkeit und meinen Gehorsam.»

Eine Träne und ein Lächeln

Die Schlafwandler

In meiner Heimatstadt lebte eine Frau mit ihrer Tochter. Beide wandelten im Schlaf.

Eines Nachts, als alle Welt schwieg, trafen sich Mutter und Tochter schlafwandelnd in ihrem nebelverhangenen Garten.

Und die Mutter sprach und sagte:

«Endlich habe ich dich, Feindin! Du warst es, die meine Jugend zerstörte, und auf den Ruinen meines Lebens bist du groß geworden. Ich möchte dich töten!»

Und die Tochter erwiderte und sagte:

«Verhaßtes Weib, selbstsüchtige Alte. Immer noch stehst du meiner Freiheit im Weg. Mein Leben soll wohl immer nur ein Echo deines Lebens sein. Ach, wärest du doch tot!»

In diesem Augenblick krähte der Hahn, und beide Frauen erwachten. Voller Sanftmut fragte die Mutter: «Bist du es, mein Herz?», und die Tochter antwortete sanftmütig: «Ja, liebe Mutter.»

Der Narr

Weisheit

Mit einer Weisheit, die keine Tränen kennt, mit einer
Philosophie, die nicht zu lachen versteht, und einer
Größe, die sich nicht vor Kindern verneigt, will ich
nichts zu tun haben.

Das Reich der Ideen

Vom Lehren

Dann sagte ein Lehrer:

Sprich uns vom Lehren.

Und er sagte:

Niemand kann euch etwas eröffnen, das nicht schon im Dämmern eures Wissens schlummert.

Der Lehrer, der zwischen seinen Jüngern im Schatten des Tempels umhergeht, gibt nicht von seiner Weisheit, sondern eher von seinem Glauben und seiner Liebe.

Wenn er wirklich weise ist, fordert er euch nicht auf, ins Haus seiner Weisheit einzutreten, sondern führt euch an die Schwelle eures eigenen Geistes.

Der Astronom kann euch von seinem Verständnis des Weltraums reden, aber er kann euch nicht sein Verständnis geben.

Der Musiker kann euch vom Rhythmus singen, der im Weltraum ist, aber er kann euch weder das Ohr geben, das den Rhythmus festhält, noch die Stimme, die ihn wiedergibt.

Und wer der Wissenschaft der Zahlen kundig ist, kann vom Reich der Gewichte und Maße berichten, aber er kann euch nicht dorthin führen.

Denn die Einsicht eines Menschen verleiht ihre Flügel keinem anderen.

Und wie jeder von euch allein in Gottes Wissen steht, so muß jeder von euch allein in seinem Wissen von Gott und seinem Verständnis der Erde sein.

Der Prophet

Der Lehrer

Wenn jemand beabsichtigt, ein Lehrer für die Menschheit zu werden, so sollte er bei sich selbst beginnen. Er
sollte zuerst durch sein Beispiel lehren und dann erst
durch sein Wort. Denn wer sich selbst erzieht und sich
selbst zum Besseren verändert, verdient unsere Hoch-
achtung und unseren Respekt mehr als jemand, der
andere belehrt und zum Besseren bekehren will.

Das Reich der Ideen

Kindheit

Dinge, die man als Kind geliebt hat, bleiben im Besitz des Herzens bis ins hohe Alter. Das schönste im Leben ist, daß unsere Seelen nicht aufhören an jenen Orten zu verweilen, wo wir einmal glücklich waren.

Das Reich der Ideen

Die Stadt der Vergangenheit

Das Leben stand mit mir am Fuße des Berges der Jugend und zeigte auf das, was hinter uns lag. Ich schaute zurück und erblickte eine merkwürdige Stadt im Herzen der Ebene, in der Fantome aus bunten Dämpfen wirbelten, von einem Schleier feinen Nebels verhüllt.

Ich fragte: «Was ist das, o Leben?»

«Das ist die Stadt der Vergangenheit. Schau sie dir gut an!»

Ich betrachtete sie aufmerksam und sah folgendes:

Werkstätten, die sich wie Riesen unter den Flügeln des Schlafes ducken...

Heiligtümer der Worte, umkreist von Seelen, die vor Verzweiflung schreien oder vor Freude singen...

Tempel der Religionen, erbaut von der Zuversicht und vom Zweifel zerstört...

Minarette des Denkens, die in den Himmel ragen wie ausgestreckte Hände, die um Almosen bitten...

Straßen des Begehrens, die Flüssen gleich durch die Täler fließen...

Schatzkammern der Geheimnisse, gehütet von der Verschwiegenheit und geplündert von der Neugier...

Türme des Fortschritts, die der Mut erbaute und die Furcht abriß...

Paläste der Träume, in den Nächten erbaut und vom Erwachen verwüstet...

Hütten der Bescheidenheit, welche die Schwachheit bewohnt...

Nischen der Einsamkeit, wo die Selbstverleugnung zu Hause ist...

Treffpunkte des Wissens, von der Erkenntnis beleuchtet und vom Unwissen verdunkelt...

Weinschenken der Liebe, in denen sich Verliebte berauschen, während die Nüchternen sie verspotten...

Bühnen, auf denen das Leben seine Stücke spielt; dann kommt der Tod und beendet die Tragödien...

Diese Stadt der Vergangenheit erschien mir fern und nah zugleich, ebenso sichtbar wie unsichtbar.

Und das Leben sagte zu mir, während es weiterging: «Folge mir! Wir verweilten lange.»

Ich fragte: «Wohin, o Leben?»

«Zur Stadt der Zukunft!»

Ich sagte: «Hab Erbarmen mit mir! Der Weg erschöpfte meine Kräfte, und die Steine verwundeten meine Füße.»

«Komm!» entgegnete das Leben, «nur der Unwissende blickt zurück zur Stadt der Vergangenheit.»

Eine Träne und ein Lächeln

Die andere Sprache

Drei Tage nach meiner Geburt, als ich in meiner seidenen Wiege lag und mit staunendem Schrecken in die neue Welt um mich her blickte, fragte meine Mutter die Amme: «Wie geht es meinem Kind?»

Die Amme antwortete: «Es ist wohlauf, Madame. Ich füttere es dreimal, noch nie sah ich so ein frohes junges Ding.»

Das erboste mich, und ich schrie: «Das ist nicht wahr, Mutter, mein Bett ist hart, die Milch, die ich kriege, ist bitter, die Brüste dieser Frau riechen faul, und es geht mir ganz schlecht.»

Aber meine Mutter verstand mich nicht, auch die Amme verstand nicht, denn ich redete die Sprache der Welt, aus der ich gekommen war.

An meinem einundzwanzigsten Lebenstag wurde ich getauft, und der Priester sagte zu meiner Mutter: «Sie können glücklich sein, Madame, daß Ihr Sohn als Christ geboren wurde.»

Das überraschte mich – und ich sagte zu dem Priester: «Dann muß Ihre Mutter im Himmel aber unglücklich sein, denn Sie wurden nicht als Christ geboren.»

Aber auch der Priester verstand meine Sprache nicht.

Nach sieben Monaten kam ein Wahrsager, um mich anzusehen, und er sagte zu meiner Mutter: «Ihr Sohn wird ein Staatsmann und ein großer Führer der Menschheit werden.»

Da schrie ich: «Das ist eine falsche Prophezeiung. Denn

ich werde Musiker werden und will nichts als ein Musiker werden.»

Aber nicht einmal in diesem Alter verstand man meine Sprache. Das erstaunte mich sehr.

Nach dreiunddreißig Jahren, in welchen meine Mutter, die Amme und der Priester allesamt verstarben (Gott sei ihren Seelen gnädig!), lebt der Wahrsager immer noch. Gestern traf ich ihn am Eingang zum Tempel, wir sprachen miteinander, und er sagte: «Ich wußte stets, daß Sie ein großer Musiker sein werden. Schon in Ihrer Jugend sagte ich dies voraus.»

Ich glaubte ihm, denn mittlerweile hatte auch ich die Sprache jener anderen Welt vergessen.

Der Narr

Mein Geburtstag

(geschrieben in Paris, am 6. Dezember 1908)

An diesem Tag hat mich meine Mutter geboren.

Heute vor 25 Jahren legte mich die Stille in die Hände dieses Seins, das angefüllt ist mit Geschrei, Kampf und Wettstreit. 25 Male bin ich nun um die Sonne gekreist, und ich weiß nicht, wie oft der Mond mich eingekreist hat. Bis jetzt habe ich weder die Geheimnisse des Lebens entschleiert noch die verborgenen Tiefen der Dunkelheit entdeckt.

25 Male habe ich mit der Erde, dem Mond und den Planeten das allumfassende Gesetz umkreist. Und sieh, wie mein Geist die Worte dieses Gesetzes murmelt, wie Muscheln, die die Musik der Wellen des Meeres wiedergeben. Mein Sein ist in seinem Sein geborgen, ohne sein Wesen zu kennen, und es singt das Lied seiner Ebbe und Flut, ohne ihn zu begreifen.

Vor 25 Jahren schrieb mich die Hand der Zeit als ein Wort in das Buch dieser fremden, erschreckenden Welt. Sieh mich an, ein mehrdeutiges Wort von unbestimmter Bedeutung, bald nichts bedeutend, bald vieles andeutend.

Wie immer an diesem Tag des Jahres verdrängen Gedanken, Überlegungen und Erinnerungen einander in meiner Seele. Sie ziehen an mir vorbei wie Prozessionen aus vergangenen Tagen und rufen mir längst vergessene Bilder meiner Nächte ins Gedächtnis zurück. Dann zerstreuen sie sich, wie Winde die wandernden Wolken in der Dämmerung vertreiben. Sie schwinden dahin und lösen sich auf in den Winkeln meines Raumes wie die Lieder der Flüsse in entlegenen unbewohnten Tälern.

Alljährlich erscheinen an diesem Tag die Geister derjenigen, die meinen Geist geprägt haben, und sie eilen zu mir von allen Enden dieser Erde und umgeben mich mit Melodien traurig stimmender Erinnerungen. Dann ziehen sie sich leichtfüßig zurück hinter sichtbare Dinge wie Scharen von Vögeln, die auf eine verlassene Tenne herabfliegen, und wenn sie dort kein Korn finden können, eine Weile umherflattern, bevor sie zu einem anderen Platz fliegen.

An diesem Tag sehe ich die Bedeutung meines vergangenen Lebens vor mir wie einen kleinen Spiegel, in den ich lange hineinschaue und in dem ich nichts sehen kann als die verblaßten Gesichter der Jahre – Gesichtern von Toten gleich – und die darin eingeprägten Züge von Hoffnungen, Träumen und Leidenschaften wie in den runzeligen Gesichtern alter Menschen.

Dann schließe ich meine Augen und schaue ein zweites Mal in den Spiegel, und ich sehe nur mein Gesicht. Während ich es betrachte, entdecke ich darin eine Traurigkeit. Ich befrage diese Traurigkeit, doch sie bleibt stumm und gibt mir keine Auskunft. Könnte sie aber sprechen, so würde sie sagen, daß sie süßer ist als die Freude.

Vieles habe ich in diesen 25 Jahren geliebt. Und vieles, was ich geliebt habe, ist den Menschen hassenswert; und vieles, was ich gehaßt habe, ist für sie bewundernswert. Was ich als Junge liebte, liebe ich noch immer; und was ich jetzt liebe, werde ich bis zum Ende meiner Tage lieben. Denn die Liebe ist das Höchste, das ich erreichen kann, und niemand kann mich dieses Schatzes berauben. Vielmals habe ich den Tod geliebt; ich habe ihn mit wohlklingenden Namen gerufen und ihn insgeheim und vor anderen besungen. Auch das Leben habe ich geliebt, denn Tod und Leben sind für mich gleich in ihrer Schönheit und ähnlich in ihren Wonnen. Sie haben gleichen Anteil an meinem Sehnen und Verlangen, und ihnen beiden gehört meine Liebe und Zuneigung.

Ich habe die Freiheit geliebt, und meine Liebe wuchs in dem Maße, wie mein Wissen über die Verstricktheit der Menschen in Lüge und Betrug zunahm. Meine Liebe zu ihr wurde um so größer, je mehr mir ihre Unterwerfung unter Idole bewußt wurde, die von dunklen Zeiten geschaffen, von der Torheit erhöht und durch die Berührung anbetender Lippen poliert wurden.

Aber auch diese Anbeter von Idolen habe ich mit meiner grenzenlosen Liebe geliebt. Ja, ich hatte Mitleid mit ihnen, denn sie sind blind: sie küssen die blutigen Lippen einer Bestie, ohne zu sehen, sie saugen das Gift der Schlangen ein, ohne es zu fühlen, und sie graben ihre eigenen Gräber mit ihren Fingernägeln, ohne es zu wissen.

Die Freiheit habe ich mehr als alles andere geliebt. Sie erschien mir wie ein Mädchen, das am Alleinsein erkrankt ist und von der Einsamkeit geschwächt wurde, bis von ihr nichts mehr übrigblieb als ein Schatten, der an den Häusern vorbeischleicht; manchmal spricht sie die Vorübergehenden an, die sie weder hören noch beachten.

Wie alle Menschen habe ich in meinen 25 Jahren das Glück geliebt. Kaum erwachte ich am Morgen, so suchte ich es, wie es alle tun. Doch ich konnte es auf ihren Wegen nicht finden, ja ich sah nicht einmal seine Fußspuren auf dem Sand vor ihren Häusern, noch hörte ich das Echo seiner Stimme aus ihren Tempeln dringen.

Aber als ich das Glück in der Einsamkeit suchte, flüsterte meine Seele in mein Ohr: «Glück ist ein Kind, das in den Tiefen des Herzens geboren wird, es kommt nicht von außerhalb!»

Und als ich mein Herz öffnete, um das Glück zu finden, sah ich darin seinen Spiegel, sein Lager und seine Gewänder. Das Glück selber konnte ich nicht finden.

Ich habe alle Menschen geliebt, sogar sehr habe ich sie geliebt. Meiner Ansicht nach kann man sie in drei Gruppen einteilen: die einen verwünschen das Leben, die anderen segnen es, und wieder andere beobachten es. Die ersten liebte ich wegen ihrer Hoffnungslosigkeit, die anderen wegen ihrer Großmut und die dritten ihres Verständnisses wegen.

So vergingen 25 Jahre, und meine Tage und Nächte eilten vorüber, einander auf den Fersen folgend. Und die Tage fielen von meinem Leben ab wie die Blätter eines Baumes im Herbstwind.

Und heute, heute stehe ich – mich erinnernd – wie ein müder Wanderer in der Mitte des ansteigenden Weges; ich schaue mich um und sehe in meinem Leben nichts, worauf ich im Angesicht der Sonne mit meinem Finger zeigen und behaupten könnte: «Dies gehört mir!» Und ich finde in den Jahreszeiten meines Lebens statt der Früchte des Herbstes nur Blätter, gefärbt mit Tintentropfen und seltsamen, verstreuten Zeichnungen aus Linien und Farben, bald gegensätzlich, bald harmonisch aufeinander abgestimmt. In diese zerstreuten Blätter und Zeichnungen habe ich meine Gefühle, Gedanken und Träume begraben, wie der Bauer die Samen der Erde anvertraut.

Aber der Sämann, der auf die Felder geht und die Saat ausstreut, kehrt abends hoffnungsvoll in sein Haus zurück und erwartet die Ernte im Herbst. Ich aber habe die Saat meines Herzens ausgesät, ohne etwas zu erhoffen oder zu erwarten.

Und jetzt, wo ich bis zu diesem Abschnitt meines Lebens gelangt bin und die Vergangenheit hinter einem Dunst von Seufzern und Klagen sehe und die Zukunft durch den Schleier der Vergangenheit, jetzt stehe ich hier und blicke von meinem Fenster aus auf das Leben. Ich betrachte die Gesichter der Menschen, deren Stimmen zu mir heraufdringen. Ich höre ihre Schritte zwischen den Häusern und fühle die Berührung ihres Geistes, die Wellen ihres Verlangens und das Klopfen ihrer Herzen …

Dann wandern meine Blicke auf das, was hinter dieser Stadt liegt, und ich sehe das unbewohnte Land in seiner erhabenen Schönheit mit seinen schweigenden Stimmen, den leicht ansteigenden Hügeln und den weiten Feldern, den aufrecht stehenden Bäumen und dem sich wiegenden Gras mit den duftenden Blumen, den rauschenden Flüssen und den singenden Vögeln.

Ich blicke auf das, was hinter dem unbewohnten Land liegt, und ich sehe das Meer, die Wunder seiner Tiefen und die geheimen Schätze, die es in sich birgt, seine trotzig schäumenden Wellen, seine Gischt, das Steigen und Fallen der Wellen; all das sehe ich.

Meine Blicke wandern bis zu dem, was hinter dem Meer liegt, und ich sehe das grenzenlose Firmament mit den zahlreichen im Weltraum kreisenden Welten, die leuchtenden Sterne, die Sonnen und Monde, die Planeten und Fixsterne und alle entgegenstreitenden und sich versöhnenden Mächte von Anziehung und Abstoßung, geschaffen und getragen von dem zeit- und grenzenlosen Willen, sich dem universellen Gesetz unterwerfend, dessen Anfang ohne Anfang und dessen Ende ohne Ende ist.

Und während ich durch mein Fenster schaue und über diese Dinge nachdenke, vergesse ich die 25 Jahre und die Jahrhunderte, die ihnen vorausgingen, sowie die Jahrhunderte, die ihnen folgen werden. Und mein Sein mit allem, was darin offenbar und verborgen ist, erscheint vor mir wie der Seufzer eines Kindes, der in der Leere der urewigen Tiefen des end- und grenzenlosen Weltraums erzittert. Doch ich empfinde das innere Wesen dieses Stäubchens, dieses Selbst, das ich «Ich» nenne, ich spüre seine Bewegung und höre sein Seufzen. Und nun hebt es seine Flügel, streckt seine Hände in alle Richtungen aus und schwebt zitternd an diesem Tag, der es ins Leben rief. Und mit einer Stimme, die aus seinem Allerinnersten kommt, ruft es:

Sei gegrüßt, du Leben! Sei gegrüßt, du Erwachen! Sei gegrüßt, du Vision!

Dich grüße ich, o Tag, dessen Licht die Dunkelheit der Erde besiegte, und dich grüße ich, o Nacht, deren Dunkelheit das Licht des Firmaments offenbart!

Friede sei dir, o Frühling, der die Jugend der Erde erneuert, dir o Sommer, der die Macht der Sonne verkündet; Friede dir, o Herbst, der die Früchte der Mühe schenkt und die Anstrengung belohnt, und dir, o Winter, der mit seinen Gewittern und Stürmen die Kraft der Natur veranschaulicht!

Friede den Jahren, die enthüllen, was andere Jahre verborgen haben! Friede den Jahrhunderten, die den Schaden von Jahrhunderten wiedergutmachen!

Sei gegrüßt, o Zeit, die uns der Vollendung entgegenbringt, und du, o Geist, der du der Herrscher über das Leben bist, verborgen hinter dem Schleier der Sonne!

Frieden und Gruß dir, o Herz, denn du denkst mit Tränen in den Augen an den Frieden, und euch Lippen, die ihr vom Frieden sprecht, obgleich ihr Bitterkeit kostet!

Eine Träne und ein Lächeln

Vom Glück

Das Haus des Glückes

Als mein Herz erschöpft war, nahm es Abschied von mir und machte sich auf zum Haus des Glückes.

Nachdem es dieses Heiligtum erreicht hatte, blieb es verwirrt und ratlos stehen, denn es sah dort nicht, was es sich immer vorgestellt hatte.

Es sah weder Macht noch Wohlstand und keinen Herrscher. Es sah nur einen schönen Jüngling, seine Gefährtin, die Tochter der Liebe, und ihr Kind, die Weisheit.

Da wandte sich mein Herz an die Tochter der Liebe und fragte:

«Wo ist die Zufriedenheit, Tochter der Liebe? Ich habe gehört, daß sie dieses Haus mit euch bewohnt.»

Sie antwortete: «Die Zufriedenheit ist fortgegangen, um in den Städten zu predigen, wo Korruption und Begierde herrschen. Und wir brauchen sie hier nicht, denn das Glück sucht nicht Zufriedenheit. Das Glück verlangt nach Vereinigung, während die Zufriedenheit die Ablenkung sucht, die vom Vergessen lebt. Die unsterbliche Seele ist nie zufrieden. Sie strebt nach Vollkommenheit, und die Vollkommenheit gibt es in der Unendlichkeit.»

Dann sagte mein Herz zum Sohn der Schönheit:

«Zeig mir das Geheimnis der Frau, o Schönheit, und erhelle meinen Verstand mit deiner Erkenntnis!»

Er erwiderte: «Die Frau ist wie du, menschliches Herz, und wie du warst, so war sie. Sie ist auch wie ich, und wo ich bin, da ist sie. Sie gleicht der Religion, bevor sie von Unwissenden entstellt wurde. Sie ist wie der

Vollmond, wenn die Wolken ihn nicht verhüllen, und wie die Brise, bevor der Hauch der Verdorbenheit sie berührte.»

Dann wandte sich mein Herz an die Weisheit, die Tochter der Liebe und der Schönheit, und bat:

«Gib mir Weisheit, damit ich sie den Menschen bringe!»
Sie antwortete: «Sag ihnen, daß das Glück im Allerheiligsten der Seele beginnt und nicht von außen kommt!»

Eine Träne und ein Lächeln

Gestern und heute

Ein reicher Mann ging im Garten seines Palastes spazieren; die Sorge folgte ihm auf den Fersen, und über seinem Kopf flatterte die Unruhe wie Geier über einem Kadaver; so erreichte er einen von Marmorstatuen umgebenen See, der von Menschenhand angelegt worden war. Er setzte sich ans Ufer und betrachtete bald den Wasserstrahl, der aus den Mündern der Statuen hervorsprudelte wie die Gedanken aus der Vorstellung eines Liebhabers – bald blickte er auf sein herrliches Schloß, das auf einem Hügel lag wie ein Muttermal auf der Wange eines Mädchens.

Während er dort saß, leistete ihm die Erinnerung Gesellschaft, und sie breitete vor seinen Augen die Seiten aus, welche die Vergangenheit in den Roman seines Lebens geschrieben hatte.

Seine Tränen verschleierten mehr und mehr den Blick auf das, was der Mensch hier geschaffen hatte, und der Kummer rief in seinem Herzen die Tage zurück, welche die Götter gewebt hatten. Und sein Schmerz floß in seine Worte, als er sagte:

«Gestern hütete ich meine Schafe auf den grünen Hügeln; ich freute mich meines Lebens und brachte mein Glück auf meiner Flöte zum Ausdruck. Heute bin ich ein Gefangener meiner Begierden. Das Geld führte mich zum Wohlstand, der Wohlstand zur Sorge, die Sorge zur Verzweiflung. Gestern war ich wie ein singender Vogel und wie ein schwebender Schmetterling.

Keine Brise berührte die Köpfe der Gräser sanfter als meine Schritte das Feld. Nun bin ich ein Gefangener der Gepflogenheiten der Gesellschaft. Ich kleide mich und verhalte mich, um den Menschen und ihren Moden zu gefallen. Und ich wünschte geboren zu sein, um mich meines Lebens zu erfreuen. Doch der Reichtum zwingt mich, auf den Pfaden der Sorge zu gehen. Ich bin wie ein Kamel, das schwer beladen ist mit Gold und unter dieser Last zugrunde geht.

Wo sind die weiten Ebenen und die rauschenden Bäche? Wo sind die reine Luft und die Pracht der Natur? Wo ist meine Göttlichkeit? All dies habe ich verloren, und statt dessen bleibt mir nichts als das Gold, dem ich nachlaufe und das sich über mich lustig macht, viele Sklaven und wenig Freude und ein Palast, den ich erbaute, während er mein Glück zerstörte.

Gestern begleitete ich die Tochter der Beduinen, und die Unschuld war die Dritte im Bunde. Die Liebe war unsere Vertraute und der Mond unser Wächter. Heute umgeben mich Frauen mit hochaufgerichteten Hälsen, die mit den Augen zwinkern und ihre Schönheit für Halsketten, Ringe und Gürtel verkaufen.

Gestern war ich umgeben von jungen Gespielinnen; wie Gazellen hüpften wir zwischen den Bäumen. Wir erfreuten uns an der Natur und besangen sie. Heute bin ich ein Lamm inmitten von Wölfen.

Auf der Straße richten sich haßerfüllte Blicke auf mich, und neidische Finger zeigen auf mich. Nichts als finstere Gesichter sehe ich und hocherhobene Köpfe.

Gestern war mir das Leben geschenkt und die Schönheit der Natur; heute bin ich dieser Güter beraubt.

Gestern war ich reich in meinem Glück, heute bin ich arm trotz meines Reichtums. Gestern war ich bei meinen Schafen ein gütiger Herrscher inmitten seiner Untertanen; heute bin ich dem Geld gegenüber wie ein furchtsamer Sklave vor seinem willkürlichen Herrn.

Ich ahnte nicht, daß das Gold das Auge meiner Seele blenden würde, so daß sie zu einer Grotte der Unwissenheit wird. Und ich wußte nicht, daß das Leben, das die Menschen rühmen, in Wirklichkeit eine Hölle ist.» Der Reiche erhob sich von seinem Platz und schritt langsam auf seinen Palast zu, während er seufzend fortfuhr:

«Ist das Geld der Gott, dessen Priester ich wurde? Ist es das Geld, was wir ein Leben lang suchen und dann nicht eintauschen können gegen ein Körnchen Leben? Wer kann mir für einen Zentner Gold einen schönen Gedanken verkaufen? Wer kann mir für eine Handvoll Schätze aus meinem Tresor einen Augenblick der Liebe geben? Wer vermag mir für all meinen Reichtum ein Auge zu leihen, das die Schönheit sieht?»

Als er sich dem Tor seines Palastes näherte, drehte er sich um und schaute auf die Stadt, wie Jeremias auf Jerusalem geblickt hatte. Er zeigte auf sie mit seiner Hand, und als ob er eine Totenklage anstimmen wollte, rief er mit lauter Stimme:

«O Volk, das im Dunkeln geht und im Schatten des Todes weilt, o Volk, das dem Unglück nachjagt, die Zeit mit Nichtstun verbringt und in Unwissenheit redet, bis wann wirst du Dornen und Disteln essen und die Früchte und Kräuter wegwerfen? Bis wann willst du auf unwegsamen Plätzen wohnen und den Gärten des

Lebens den Rücken kehren? Warum trägst du zerschlissene und abgetragene Kleider, wo doch damaszenische Seidengewänder für dich bereitliegen?

O Volk, die Lampe der Weisheit ist verloschen. Fülle sie mit Öl auf! Der Wegelagerer droht den Weinberg des Glücks zu zerstören. Bewache ihn gut! Der Räuber hat es auf die Schätze deiner Ruhe abgesehen. Hab acht auf sie!»

In diesem Augenblick sah er einen armen Mann vor sich, der um ein Almosen bettelte. Der Reiche sah ihn an, seine zitternden Lippen wurden entschlossen, seine traurige Gestalt straffte sich, und seine Augen begannen zu strahlen. Das Gestern, das er am See beklagt hatte, kam heute zu ihm und grüßte ihn. Er näherte sich dem Bettler und umarmte ihn mit brüderlichem Kuß. Dann füllte er seine Hände mit Gold und sagte:

«Nimm dies für heute, mein Bruder! Und morgen komm mit deinen Freunden zurück, und holt euch, was euch zusteht!»

Der Arme lächelte wie eine verwelkte Blume bei der Rückkehr des Regens. Dann ging er eilig weg. Der Reiche betrat seinen Palast, indem er sagte:

«Alle Dinge des Lebens sind gut − selbst das Geld −, denn sie erteilen dem Menschen eine Lehre. Das Geld ist wie ein Musikinstrument; derjenige, der es nicht zu spielen versteht, hört nichts als Mißklänge. Und wie bei der Liebe, so verhält es sich auch mit dem Reichtum: er tötet denjenigen, der ihn für sich behält, doch demjenigen, der ihn weitergibt, schenkt er Leben.»

Eine Träne und ein Lächeln

Von der Freundschaft

Und ein junger Mann sagte: Sprich uns von der Freundschaft.

Und er antwortete und sagte:

Euer Freund ist die Antwort auf eure Nöte. Er ist das Feld, das ihr mit Liebe besät und mit Dankbarkeit erntet.

Und er ist euer Tisch und euer Herd.

Denn ihr kommt zu ihm mit eurem Hunger, und ihr sucht euren Frieden bei ihm.

Wenn euer Freund frei heraus spricht, fürchtet ihr weder das «Nein» in euren Gedanken, noch haltet ihr mit dem «Ja» zurück.

Und wenn er schweigt, hört euer Herz nicht auf, dem seinen zu lauschen;

Denn in der Freundschaft werden alle Gedanken, alle Wünsche, alle Erwartungen ohne Worte geboren und geteilt, mit Freude, die keinen Beifall braucht. Wenn ihr von eurem Freund weggeht, trauert ihr nicht;

Denn was ihr am meisten an ihm liebt, ist vielleicht in seiner Abwesenheit klarer, wie der Berg dem Bergsteiger von der Ebene aus klarer erscheint.

Und die Freundschaft soll keinen anderen Zweck haben, als den Geist zu vertiefen.

Denn Liebe, die etwas anderes sucht als die Offenbarung ihres eigenen Mysteriums, ist nicht Liebe, sondern ein ausgeworfenes Netz: und nur das Nutzlose wird gefangen.

Und laßt euer Bestes für euren Freund sein.

Wenn er die Ebbe eurer Gezeiten kennen muß, laßt ihn auch das Hochwasser kennen.

Denn was ist ein Freund, wenn ihr ihn nur aufsucht, um die Stunden totzuschlagen?

Sucht ihn auf, um die Stunden mit ihm zu erleben.

Denn er ist da, eure Bedürfnisse zu befriedigen, nicht aber eure Leere auszufüllen.

Und in der Süße der Freundschaft laßt Lachen sein und geteilte Freude.

Denn im Tau kleiner Dinge findet das Herz seinen Morgen und wird erfrischt.

Der Prophet

Königin der Fantasie

Als ich die Ruinen von Palmyra erreichte, war ich von der langen Reise so erschöpft, daß ich mich ins Gras legte, das zwischen den Säulen und Pfeilern wuchs. Die Zeit hatte sie entwurzelt und zu Boden geworfen, als ob ein Krieg hier gewütet hätte. Ich betrachtete ehrfürchtig die Pracht, wenngleich sie zerstört war und zu der blühenden Umgebung im Widerspruch stand.

Als die Nacht angebrochen war und die Kreaturen sich unter dem Mantel des Schweigens versammelt hatten, merkte ich, daß die Luft von etwas erfüllt war, das nach Weihrauch duftete und wie Wein berauschte. Ich trank davon und spürte verborgene Hände mit meinen Sinnen spielen; meine Augenlider wurden schwer, und mein Geist befreite sich von seinen Fesseln.

Dann dehnte sich die Erde, und das Firmament zitterte. Von magischer Macht getrieben, sprang ich vorwärts und fand mich in einem Garten wieder, den sich kein menschliches Wesen vorstellen kann. Ich war umgeben von Jungfrauen, die mit nichts anderem bekleidet waren als mit ihrer Schönheit. Während sie an meiner Seite schritten, war es, als ob ihre Füße das Gras nicht berührten. Die Melodien, die sie sangen, waren gewebt aus Träumen von der Liebe; dabei spielten sie auf ihren Gitarren aus Ebenholz mit goldenen Saiten. Als ich zu einer Lichtung gelangte, stand in der Mitte ein Thron, der mit kostbaren Steinen besetzt war. Von oben fiel ein Licht in den Farben des Regenbogens auf ihn herab. Zu beiden Seiten des Thrones standen Jungfrauen und sangen lauter als zuvor. Alle blickten in eine Richtung, der ein Duft von Myrrhe und Weihrauch entströmte. In diesem Augenblick erschien aus den blühenden Zweigen eine Königin, die langsam auf den Thron zuschritt und darauf Platz nahm. Eine Schar von Tauben – weiß wie der Schnee – flog vom Himmel herab und bildete einen Halbmond zu Füßen der Königin.

Währenddessen priesen die Jungfrauen sie in ihren Liedern, und der Weihrauch stieg ihr zu Ehren in Säulen auf. Ich stand da und schaute gespannt auf das, was kein Menschenauge gesehen und kein menschliches Ohr gehört hat.

Da gab die Königin mit ihrer Hand ein Zeichen, und jede Bewegung erstarrte. Und mit einer Stimme, die meine Seele erzittern ließ – wie die Saiten einer Laute unter der Hand ihres Spielers –, sagte sie:

«Ich, die Herrin der Fantasie, habe dich, o Mensch, an diesen Platz gerufen. Ich erweise dir die Gunst, vor der Königin über den Wäldern der Träume zu stehen. Hör meine Empfehlungen und verkünde sie aller Welt:

Sag ihnen, daß die Stadt der Fantasie eine Hochzeit ist; ihre Tore werden von einem Riesen bewacht, der niemanden einläßt, der kein Hochzeitsgewand trägt.

Sie ist ein Paradies, dessen Wächter der Engel der Liebe ist; niemand kann sie betreten, der nicht auf seiner Stirn das Zeichen der Liebe trägt. Sie ist ein Feld blühender Vorstellungen, und ihre Flüsse sind wie guter Wein; ihre Vögel schweben gleich Engeln, und ihre Blumen duften betörend. Nur die Kinder der Träume gelangen auf dieses Feld.

Sag den Menschen, daß ich ihnen einen Kelch der Freude angeboten habe, doch sie gossen ihn in ihrer Unwissenheit aus. Dann kam der Engel der Finsternis und füllte ihn mit Kummer. Sie tranken ihn unvermischt und waren betrunken.

Sag ihnen, daß niemand die Gitarre des Lebens spielen kann, als derjenige, dessen Fingerspitzen meinen Gürtel berührten und dessen Augen meinen Thron sahen.

Isaias verfaßte Verse der Weisheit – gleich Perlen auf dem Halsband der Liebsten. Johannes berichtete von seiner Vision in meiner Sprache. Dante betrat die fruchtbaren Weiden des Geistes unter meiner Führung. Ich bin ein Symbol, das die Wirklichkeit berührt, eine Wahrheit, welche die Einheit des Geistes sichtbar macht und ein Zeuge der Werke der Götter.

Sag den Menschen, daß das Denken eine Heimat hat in einer Welt jenseits der sichtbaren Welt, deren Himmel nicht verhüllt ist von den Wolken der Freude. Sag ihnen, daß die Visionen im Himmel der Götter Form annehmen und sich in der Seele widerspiegeln, damit sie ihre Hoffnung auf das lenken, was nach der Befreiung vom Leben in dieser Welt weiterleben wird.»

Und nachdem die Königin der Fantasie mich an sich gezogen und meine brennenden Lippen geküßt hatte, sprach sie:

«Sag allen, daß derjenige, der die Tage seines Lebens nicht auf der Bühne der Träume verbringt, ein Sklave der Zeit sein wird.»

In diesem Augenblick wurden die Stimmen der Jungfrauen wieder lauter; Weihrauchsäulen stiegen auf und verhüllten alles. Dann dehnte sich die Erde, und das Firmament zitterte, und ich fand mich wieder inmitten der Ruinen von Palmyra. Das Morgenrot lächelte, und auf meiner Zunge waren die Worte:

«Wer die Tage seines Lebens nicht auf der Bühne der Träume verbringt, wird ein Sklave der Zeit sein.»

Eine Träne und ein Lächeln

Ein Grashalm sagte

Ein Grashalm sagte zu einem Blatt im Herbst: «Du machst solchen Lärm, wenn du fällst! Du störst meine Winterträume.»

Das Blatt antwortete ungehalten: «Du bist von niedriger Herkunft und hast dich nie über deine Niedrigkeit erhoben, griesgrämiges, stummes Ding. Du lebst nicht in den höheren Sphären und hast von Musik keine Ahnung.»

Dann legte sich das Blatt auf die Erde und schlief ein. Als der Frühling kam, erwachte es wieder – und war ein Grashalm.

Als es Herbst wurde, die Zeit für den Winterschlaf nahte und in den Lüften die Blätter fielen, murmelte es: «O diese Blätter im Herbst! Sie machen so einen Lärm! Sie stören meine Winterträume.»

Der Narr

Der Sturm

Yussuf al-Fachry war dreißig Jahre alt, als er die Welt verließ und alles, was sie enthält, um einsam, schweigsam und zurückgezogen in einer entlegenen Einsiedelei zu leben, die am Berghang des Heiligen Tales im Norden des Libanon liegt.

Die Dorfbewohner waren über seinen Schritt geteilter Meinung. Die einen sagten: «Er ist der Sohn einer angesehenen und wohlhabenden Familie; sicher liebte er eine Frau, die ihn verlassen hat; und deshalb verließ er seine Umgebung auf der Suche nach Einsamkeit, um darin Trost zu finden.» Andere sagten: «Er ist ein Dichter und Träumer, der dem Lärm der Menschen entflieht, um seine Gedanken aufzuzeichnen und seine Gefühle in Verse zu ergießen.» Wieder andere sagten: «Er ist ein Mystiker, der die Welt verläßt, um nach seiner Religion des Herzens zu leben.» Und schließlich gab es einige, die behaupteten: «Er ist ein Narr!»

Was mich betrifft, so teilte ich weder die Meinung der einen noch die der anderen, denn ich bin mir bewußt, daß es im Innern der Seele Geheimnisse gibt, die sich weder vermuten noch erraten lassen. Insgeheim wünschte ich mir aber, diesem Mann zu begegnen. Zweimal versuchte ich vergeblich, mich ihm zu nähern, um die Wahrheit über ihn zu erfahren und seine Motive kennenzulernen. Aber ich erhielt von ihm nur einen strengen Blick und einige Worte, die Abneigung, Distanz und Stolz zum Ausdruck brachten.

Das erste Mal sah ich ihn in der Nähe des Zedernhains spazierengehen. Ich grüßte ihn mit den freundlichsten Worten; er reagierte nur mit einem Kopfnicken und entfernte sich eilig. Das zweite Mal sah ich ihn in einer Weinlaube in der Nähe seiner Einsiedelei. Ich suchte ein Gespräch zu beginnen mit den Worten: «Ich hörte, daß diese Einsiedelei von einem syrischen Mönch im 14. Jahrhundert gegründet wurde. Wissen Sie vielleicht mehr darüber?»

Er entgegnete abweisend: «Ich weiß nicht, wer sie gründete und will es auch nicht wissen!» Dann fügte er spöttisch hinzu: «Warum fragen Sie nicht Ihre Großmutter? Sie ist alt und kennt die Geschichte dieses Tales besser als ich.» Nach diesen Worten kehrte er mir den Rücken zu. Ich verließ ihn, indem ich meine Aufdringlichkeit bedauerte.

Zwei Jahre vergingen, in denen mir das geheimnisvolle Leben dieses Mannes bisweilen in den Sinn kam oder seine Gestalt mir im Traum erschien.

An einem Herbsttag, als ich wieder einmal unweit der Einsiedelei des Yussuf al-Fachry über Hügel und durch Täler streifte, wurde ich von einem heftigen Gewitter überrascht.

Sturm und Regen setzten mir ordentlich zu, und ich glich einem Segelboot auf stürmischer See, das von den Wellen zerstört und dessen Segel vom Wind zerrissen werden.

Ich flüchtete zur Einsiedelei, indem ich mir sagte: Das ist eine günstige Gelegenheit, den Einsiedler zu besuchen, denn der Sturm ist mein Vorwand, und meine durchnäßten Kleider sind ein ausreichender Grund.

Ich erreichte die Einsiedelei in einem bedauernswerten Zustand. Kaum hatte ich an die Tür geklopft, da stand der Mann vor mir, den ich seit langem zu treffen wünschte. In seiner Hand hielt er einen Vogel mit aufgeplusterten Federn und verletztem Kopf, der schwer atmete, als würde er sein Leben aushauchen. Ich grüßte ihn und sagte: «Entschuldigen Sie, daß ich in diesem Zustand zu Ihnen komme, aber das Unwetter hat mich überrascht, und ich bin weit entfernt von zu Hause.»

Er sah mich mißbilligend an und entgegnete mit verächtlichem Tonfall: «Es gibt viele Grotten in dieser Gegend, in denen Ihr hättet Zuflucht suchen können!»

Während er dies sagte, streichelte er den Kopf des Vogels mit einer solchen Zärtlichkeit, wie ich sie nie in meinem Leben wahrgenommen hatte. Ich wunderte mich über den auffallenden Kontrast seines Verhaltens – der Zärtlichkeit gegenüber dem Vogel und der Strenge mir gegenüber – und war verwirrt. Als hätte er erraten, was in mir vorging, schaute er mich an und sprach: «Der Sturm nährt sich nicht von saurem Fleisch. Warum fürchtet Ihr Euch und flieht vor ihm?»

«Mag der Sturm sich das saure Fleisch versagen», entgegnete ich ihm, «dem frischen aber ist er sicher zugetan, und in mir hätte er einen leckeren Bissen gefunden.»

Seine Züge entspannten sich etwas, und er sagte: «Wenn der Sturm Euch einem Bissen gleich vertilgt hätte, dann hättet Ihr Euch eine Ehre erworben, die Ihr jetzt nicht verdient habt.»

«Ja», erwiderte ich, «ich bin dem Sturm entflohen und zu Euch geeilt, um dieser Ehre nicht teilhaftig zu werden, die ich nicht verdiene.»

Er wandte sein Gesicht von mir ab, um den Anflug eines Lächelns zu verbergen, dann lud er mich ein, mich auf eine Holzbank zu setzen, die neben einer offenen Feuerstelle stand, in der ein Feuer brannte, und er sagte: «Setzt Euch hierhin und trocknet Eure Kleider!»

Ich ließ mich neben dem Feuer nieder und dankte ihm. Er nahm mir gegenüber auf einer Steinbank Platz, tauchte seine Fingerspitzen in eine ölige Flüssigkeit, die sich in einer irdenen Schale befand, und bestrich damit sanft den Flügel des Vogels und seinen verletzten Kopf. Dann wandte er sich mir zu und erklärte: «Der Wind hat diese Amsel gegen einen Felsen geschleudert, und als ich sie fand, schwebte sie zwischen Leben und Tod.»

«Und mich trieb der Wind an Eure Tür», entgegnete ich, «und bis jetzt weiß ich nicht, ob er meine Flügel gebrochen oder meinen Kopf verletzt hat.»

Er sah mich an und sprach: «Es wäre gut, wenn die Menschen ein wenig von der Natur der Vögel hätten! Es wäre auch wünschenswert, wenn die Stürme die Flügel der Menschen stutzten und ihre Köpfe verletzten! Doch der Mensch ist ängstlich und feige. Sobald er merkt, daß sich ein Sturm erhebt, verbirgt er sich in den Spalten der Erde und in ihren Grotten.»

Bemüht, das Gespräch nicht abbrechen zu lassen, antwortete ich: «Ja, dem Vogel kommt eine Ehre zu, die der Mensch nicht besitzt. Der Mensch lebt im Schatten von Gesetzen und Traditionen, die er sich selbst geschaffen hat, während die Vögel nach dem absoluten und universellen Gesetz leben, nach dem die Erde sich um die Sonne dreht.»

Sein Blick erhellte sich, als hätte er in mir einen Schüler gefunden, der schnell begreift, und er sagte: «Sehr gut, sehr gut, wenn Ihr also wirklich glaubt, was Ihr sagt, dann verlaßt die Menschen mit ihren verdorbenen Traditionen und ihren kleinbürgerlichen Gesetzen und lebt wie die Vögel an einem unbewohnten Ort, wo nur die Gesetze der Erde und des Himmels herrschen.»

«Ich glaube an das, was ich sage!» erwiderte ich.

Er erhob seine Hand und entgegnete mit einer Spur von Hartnäckigkeit in seiner Stimme: «Der Glaube ist eine Sache, und nach ihm zu handeln eine andere. Zahlreich sind diejenigen, die wie das Meer reden, doch ihr Leben gleicht einem Sumpf. Zahlreich sind diejenigen, die ihre Köpfe über die Bergesgipfel erheben, doch ihre Seelen schlummern in dunklen Höhlen.»

Ohne mir eine Gelegenheit zu lassen, ihm darauf zu antworten, wandte er sich ab und bettete die Amsel auf ein altes Gewand in der Nähe des Fensters; dann legte er Holz ins Feuer und forderte mich auf: «Zieht Eure Schuhe aus und trocknet Eure Füße; die Feuchtigkeit schadet der Gesundheit des Menschen mehr als alles andere! Habt keine falsche Scham!»

Ich näherte mich dem Feuer, und der Dampf zog aus meinen feuchten Sachen. Er verweilte eine Zeitlang an der Schwelle der Einsiedelei und schaute in den entfesselten Kosmos. Nach einigem Zögern fragte ich ihn: «Lebt Ihr schon lange in dieser Einsiedelei?»

Ohne mich anzusehen, antwortete er: «Ich kam in diese Einsiedelei, als die Erde verwüstet und leer war, Finsternis bedeckte sie, und der Geist Gottes schwebte über den Wassern.»

Schweigend dachte ich bei mir: Wie merkwürdig ist dieser Mensch, und wie schwierig ist es, seine Wahrheit zu entdecken! Aber ich muß die Geheimnisse seiner Seele erfahren. Ich werde warten, bis sein Stolz und Hochmut sich in Sanftmut und Milde wandeln.

Die Nacht hüllte die weiten Ebenen in ein schwarzes Gewand; der Sturm hatte sich verstärkt, und der Regen goß in Strömen. Es kam mir vor, als wäre eine neue Sintflut ausgebrochen, um alles Leben zu vernichten und die Erde vom Schmutz der Menschen zu befreien. Beim Aufruhr der Elemente schien in Yussuf al-Fachrys Geist – als eine Art Gegenreaktion – Ruhe und Gelassenheit einzukehren, und seine anfängliche Abneigung gegen mich wandelte sich in Sympathie. Er erhob sich, zündete zwei Kerzen an, stellte einen Krug Wein vor mich hin sowie ein Tablett mit Brot, Käse, Oliven, Honig und getrockneten Früchten. Dann setzte er sich mir gegenüber und sagte freundlich: «Das ist alles, was ich an Proviant besitze; ich bitte dich, Bruder, ihn mit mir zu teilen!»

Wir aßen schweigend unser Abendessen und lauschten dem Heulen des Windes und dem Strömen des Regens. Unterdessen beobachtete ich sein Gesicht und suchte darin die Gründe für seine merkwürdige Lebensführung zu finden. Nach dem Essen holte er hinter der Feuerstelle eine kupferne Cafetière hervor, aus der er zwei Tassen duftenden Kaffees einschenkte. Dann öffnete er eine Zigarettendose und sagte: «Bediene dich, Bruder!»

Verwundert nippte ich an dem Kaffee und zündete mir eine Zigarette an. Er sah mich an, als ob er meine Gedanken erriete, lächelte und sagte, nachdem er sich auch eine Zigarette angezündet hatte: «Du bist sicher erstaunt, daß es in dieser Einsiedelei Wein, Tabak und Kaffee gibt, und gewiß findest du es seltsam, daß es hier ein Bett und ein reichliches Mahl gibt. Ich tadele dich nicht, wenn du mir deswegen Vorwürfe machst. Wie viele andere glaubst du nämlich, daß die Tatsache, weit entfernt von den Menschen zu leben, bedeutet, daß man auf das Leben und die Freuden des Lebens verzichten müsse.»

«Ja», sagte ich, «wir sind gewohnt anzunehmen, daß derjenige, der sich der Welt entzieht, um Gott allein anzubeten, auch alles hinter sich läßt, was die Welt an Freuden und Vergnügungen bietet, um ein asketisches Leben zu führen und sich von Wasser und grünen Pflanzen zu nähren.»

«Ich hätte Gott inmitten seiner Schöpfung anbeten können», entgegnete er, «denn die Anbetung Gottes verlangt keine Einsamkeit und Zurückgezogenheit. Ich verließ nicht die Welt, um Gott zu suchen, denn ich hatte ihn bereits gefunden im Hause meines Vaters und an jedem anderen Ort. Ich zog mich von den Menschen zurück, weil mein Charakter nicht mit ihren Charakteren übereinstimmt und weil meine Träume nichts gemein haben mit ihren Träumen. Ich verließ die Menschen, denn ich empfand mich wie ein Rad, das sich rechtsherum dreht, während sich alle anderen

Räder linksherum drehen. Ich verließ die Stadt, denn sie kam mir vor wie ein kranker Baum: seine Wurzeln befinden sich im Dunkeln der Erde, und seine Zweige reichen bis zu den Wolken, aber seine Blüten sind nichts als Begierden, Laster und Verbrechen, und seine Früchte sind Unglück, Elend und Sorge. Einige Reformer versuchten, ihn zu veredeln, aber sie hatten keinen Erfolg damit, und sie starben besiegt, verzweifelt oder im Exil.»

Er näherte sich der Feuerstelle, und als hätte er Freude gefunden an der Wirkung seiner Worte auf mich, fuhr er mit etwas lauterer Stimme fort: «Nein, ich suchte nicht die Einsamkeit zugunsten des Gebetes und der Askese; das Gebet ist der Gesang des Herzens, und es erreicht Gottes Ohr, auch wenn es sich inmitten von Geschrei erhebt; und die Askese ist die Unterwerfung des Körpers unter den Willen sowie die Abtötung seiner Wünsche und Begehrlichkeiten. Und das sind Dinge, die in meiner Religion keinen Platz haben. Denn Gott schuf den Körper als Tempel der Seele, und wir haben die Aufgabe, diesen Tempel zu erhalten, damit er stark und rein bleibt und würdig der Gottheit, die in ihm wohnt. Nein, mein Bruder, ich suchte nicht die Einsamkeit um der Askese und des Gebetes willen, sondern um den Menschen zu entfliehen, um ihren Gesetzen und Traditionen, ihren Lehren und Ideen, ihrem Lärm und ihrer Unruhe den Rücken zu kehren. Ich suchte die Einsamkeit, um nicht die Gesichter der Männer sehen zu müssen, die ihre Seelen verkaufen und von dem Erlös Dinge erstehen, die weit unter dem Wert ihrer Seelen liegen: Macht und Ehre. Ich suchte die Einsamkeit, um nicht den Frauen zu begegnen, die ihre Hälse strecken, mit den Augen zwinkern und mit tausend Lächeln auf ihren Lippen ein einziges Ziel verfolgen. Ich suchte die Einsamkeit, um nicht Halbwissern Gesellschaft leisten zu müssen, die im Schlaf eine Form des Erkennens sehen und glauben, in die Tiefen der Erkenntnis vorgedrungen zu sein, oder jenen, die im Wachen eine Form der Wahrheit sehen und dafür halten, die absolute Wahrheit zu besitzen. Ich suchte die Einsamkeit, denn ich verachte die Schmeicheleien des Rohlings, der Freundlichkeit für Schwachheit hält, Toleranz für Feigheit und Seelengröße für Hochmut. Ich suchte die Einsamkeit, denn ich war des Umgangs mit den Reichen überdrüssig, die davon überzeugt sind, daß die Sonnen, Monde und Sterne aus ihren Schatztruhen aufgehen und in ihre Tresore untergehen. Ich hatte es satt, mit Politikern Umgang zu pflegen, die mit den Wünschen der Nation ihr Spiel treiben, indem sie goldschimmernden Sand in ihre Augen streuen und ihre Ohren mit wohlklingenden Worten füllen. Und es ödete mich an, Priestern zu begegnen, die den Menschen predigen, was sie sich selber nicht predigen, und von ihnen verlangen, was sie von sich selber nicht verlangen. Ich suchte die Einsamkeit auf, weil ich aus der Hand eines Menschen noch nie etwas erhalten habe, was ich nicht zuvor mit meinem Herzen bezahlt hatte. Ich suchte die Einsamkeit auf, weil mich dieses gigantische Gebäude, das man Zivilisation nennt, anwidert, dieses sorgsam errichtete und prächtig geschmückte Gebäude, das auf einem Berg menschlicher Totenschädel errichtet wurde.

Ich suchte die Einsamkeit, denn in der Einsamkeit finden wir das Leben der Seele, des Geistes und des Körpers. Ich suchte die leere Wüste, denn in der Wüste entdecken wir das Licht der Sonne, den Duft der Blumen und die Melodien der Flüsse. Ich zog mich ins Gebirge zurück, denn hier erlebt man das Erwachen des Frühlings, die Sehnsucht des Sommers, die Lieder des Herbstes und die Macht des Winters. Ich kam in diese entfernte Einsiedelei, weil ich die Geheimnisse der Erde kennenlernen will und mich dem Throne Gottes nähern möchte.»

Er schwieg und atmete tief, als ob man eine schwere Last von seiner Schulter genommen hätte, seine Augen leuchteten, und auf seinem Gesicht konnte man Anzeichen von Stolz und Entschlossenheit lesen.

Ich betrachtete ihn eine Weile und dachte darüber nach, was er mir enthüllt hatte. Dann sagte ich: «Du hast recht in allem, was du gesagt hast. Aber indem du die Krankheiten der Gesellschaft so trefflich diagnostizierst, hast du mir bewiesen, daß du ein brillianter Arzt bist. Und meinst du nicht, daß es einem Arzt nicht erlaubt ist, den Kranken aufzugeben und zu verlassen, bevor er entweder geheilt oder gestorben ist? Die Welt braucht dringend Menschen wie dich, und es ist bedauerlich, daß du dich von den Menschen zurückziehst, während du ihnen nützlich sein könntest.»

Er sah mich einen Moment an, dann entgegnete er mit einem Ton von Bitterkeit: «Seit Anbeginn der Welt versuchen Ärzte, die Kranken von ihren Krankheiten zu befreien. Die einen versuchten es mit Seziermessern, die anderen mit Medikamenten; doch alle starben hoffnungslos. Möge der Kranke sich damit begnügen, auf seinem Lager zu liegen und sein Leiden zu akzeptieren; aber er greift jedem an den Hals, der ihn besucht oder pflegt, um ihn zu erwürgen. Und was mich auf die Palme bringt, ist, daß dieser bösartige Kranke seinen Arzt umbringt und dann seine Augen schließt und sagt: ‹das war wirklich ein großer Arzt!›… Nein, mein Bruder, es gibt unter den Menschen keinen, der einem anderen Menschen nützlich sein könnte. Selbst der Bauer – so fähig er sein mag – kann seine Felder nicht im Winter nutzen.»

«Der Winter der Welt geht vorüber», gab ich zu bedenken, «und danach kommt ein herrlicher Frühling, und auf den Feldern blühen die Blumen, und die Flüsse singen in den Tälern.»

Er runzelte die Stirn und sagte mit einem Seufzer: «Ich weiß nicht, ob Gott das menschliche Leben, das eine Ewigkeit dauert, in Jahreszeiten einteilt, die den Jahreszeiten in der Natur in ihrer Abfolge gleichen. Wird es in Tausenden von Jahren auf dieser Erde eine menschliche Gesellschaft geben, die aus dem Geist und der Wahrheit lebt? Wird eine Zeit kommen, die den Menschen ehrt, die ihn in die Mitte des Lebens stellt, eine Zeit, in der sich der Mensch am Licht des Tages und an der Stille der Nacht erfreut? Was meinst du, wird das jemals eintreten? Wird sich das verwirklichen, wenn die Erde der Ketten und Fesseln des Menschen überdrüssig ist und genug Menschenblut getrunken hat?»

Er erhob seine Rechte, als ob er auf eine andere Welt hinweisen wollte, und sagte: «Das sind alles Träume, und diese Einsiedelei ist kein Haus für Träume! Jeder Winkel dieses Raumes ist erfüllt von dem, was ich sicher weiß, ja sogar diese Täler und Berge sind davon erfüllt. Und was ich sicher weiß, ist dies: Ich bin ein menschliches Wesen, das in seinem Innersten Hunger und Durst verspürt. Und ich habe ein Recht darauf, diesen Hunger und Durst mit dem Brot und Wein des Lebens zu stillen – aus Gefäßen, die ich mit meinen eigenen Händen herstelle. Deshalb verließ ich die Tische der Menschen und ihre Feste, und ich kam an diesen einsamen Ort, wo ich bis zum Ende meines Lebens bleiben werde.»

Er ging im Raum auf und ab, während ich ihn betrachtete, über seine Worte nachsann und mir die Motive vorzustellen versuchte, die es bewirkt hatten, daß er die menschliche Gesellschaft in so düsteren Farben und krummen Linien sah. Dann unterbrach ich ihn und sagte: «Ich respektiere deine Ideen und Ziele! Ich respektiere auch deine Einsamkeit. Aber ich weiß auch – und dieses Wissen enthält ein Bedauern –, daß diese unglückliche Nation durch deine Abwendung von ihr einen fähigen Menschen verloren hat, der ihr hätte bestens dienen und nützen können.»

Er entgegnete kopfschüttelnd: «Diese Nation ist wie alle anderen Nationen, denn die Menschen sind alle gleich veranlagt, und sie unterscheiden sich lediglich durch äußere Erscheinungsformen, die unwesentlich sind. Das Elend der orientalischen Nationen ist das Elend der ganzen Welt. Und was man als Evolution im Okzident bezeichnet, ist nur eine Form der Illusion. Heuchelei bleibt Heuchelei, selbst wenn sie sich die Nägel schneidet, Betrug bleibt Betrug – auch mit gefärbten Fingernägeln; und Lüge wird keine Wahrheit dadurch, daß sie sich in Seide hüllt und Schlösser bewohnt; Verrat wandelt sich nicht in Treue, weil er Schnellzüge und Flugzeuge benutzt; Ehrgeiz wird nicht zur Genügsamkeit, weil er imstande ist, Entfernungen zu vermessen und Gewichte festzustellen; Verbrechen werden keine Tugenden, weil Firmen und Institute sie in Auftrag geben. Und was die Sklaverei betrifft – die Sklaverei des Lebens durch Vergangenheit, Erziehung, Tradition und Mode –, so bleibt sie Sklaverei, selbst wenn sie ihr Gesicht anmalt und ihre Kleidung wechselt; sie bleibt Sklaverei, auch wenn sie sich den Namen Freiheit zulegt. Nein, mein Bruder, der Mensch im Okzident ist nicht fortgeschrittener als der Orientale, und der Orientale ist nicht weiser als der Mensch im Westen. Der Unterschied zwischen ihnen ist der gleiche wie zwischen Wolf und Hyäne. Ich habe diese Gesellschaften beobachtet und hinter allen unterschiedlichen äußeren Erscheinungsformen ein einziges Grundgesetz erkannt, das gerecht ist und das Elend, Blindheit und Unwissenheit zu gleichen Teilen verteilt, ohne ein Volk einem anderen vorzuziehen oder eine Gruppe mehr zu unterdrücken als eine andere.»

Seine Worte versetzten mich in Erstaunen, und ich antwortete verwirrt: «Also ist deiner Meinung nach alle Zivilisation und alles, was sie mit sich bringt, umsonst?»

«Ja», bestätigte er, «alle Zivilisation und alles, was sie mit sich bringt, ist eitel. Die Erfindungen und Entdeckungen sind nichts als Spielzeuge, mit deren Hilfe der Verstand Ablenkung sucht, wenn er sich in einem Zustand der Langeweile und des Verdrusses befindet. Die Verkürzung der Entfernungen, die Einebnung der Gebirge, die Beherrschung der Meere und des Weltraums sind nichts als trügerische Früchte aus Dunst, die weder das Auge erfreuen, noch das Herz erquicken oder die Seele erheben können. Und was Kenntnisse und Kunst betrifft, so sind sie goldene Fesseln und Ketten, die der Mensch hinter sich herzieht, erfreut über ihren Glanz und das Klirren ihrer Ringe, es sind Käfige, deren Stangen und Gitter der Mensch vor Jahrhunderten zu schmieden begann, ohne zu wissen, daß er am Ende seiner Arbeit und seines Wirkens sich selbst im Innern dieser Käfige gefangen findet. Ja, eitel sind die Werke des Menschen, eitel sind seine Absichten und Ziele, seine Neigungen und Wünsche; eitel ist alles auf dieser Welt. Doch unter all den Eitelkeiten des Lebens gibt es etwas, das wert ist, daß man es begehrt, wünscht und liebt.»

«Und was ist das?» fragte ich neugierig.

Er verharrte eine Weile schweigend, dann schloß er seine Augenlider, verschränkte seine Hände auf seiner Brust und sagte mit leuchtendem Gesicht und entspannten Zügen: «Es ist ein Erwachen in den tiefsten Tiefen der Seele. Es ist eine Idee, die den Geist des Menschen überfällt und seinen Blick öffnet, so daß er das Leben anders sieht. Er sieht es umgeben von einer Aureole, wie ein Lichtturm zwischen Himmel und Erde aufgerichtet, und es ist voller Melodien. Es ist wie eine Flamme, die plötzlich im Innern auflodert, die das trockene Gras der Umgebung verbrennt und lodernd in den Raum aufsteigt. Es ist ein Gefühl der Sympathie und Zuneigung, die das ganze Herz erfüllt und alles verachtet, was nicht mit ihr übereinstimmt, und alle geringschätzt, die in diese Geheimnisse nicht eingeweiht sind. Es ist eine unsichtbare Hand, die den Schleier von meinen Augen entfernte, als ich inmitten der Menschen war, mit meinen Familienangehörigen, Freunden und Landsleuten. Ich hielt überrascht inne und sagte mir: Was sind das für Gesichter, die mich anstarren? Woher kenne ich sie? Wo traf ich sie? Und warum halte ich mich bei ihnen auf? Bin ich nicht ein Fremder unter ihnen, und sind sie nicht Fremde in Häusern, die das Leben für mich gebaut hat, und deren Schlüssel es mir anvertraut hat?»

Er schwieg, als ob die Erinnerung Bilder in sein Gedächtnis projiziert hätte, die er nicht preisgeben wollte. Dann breitete er seine Arme aus und sagte flüsternd: «Das ist es, was mir vor vier Jahren widerfuhr. Da verließ ich die Welt und kam in diese Wildnis, um im Zustand des Wachens zu leben und um mich zu erfreuen am Denken, Fühlen und Schweigen.»

Er ging zur Tür der Einsiedelei und schaute in die Nacht. Dann sagte er mit lauter Stimme, als ob er sich an den Sturm wandte: «Es ist ein Erwachen in den Tiefen der Seele. Wer es kennengelernt hat, vermag es nicht in Worte zu kleiden. Und wer es nicht kennt, wird seine Geheimnisse nie erahnen.»

Eine Stunde verging, die erfüllt war vom Geflüster der Gedanken und vom Heulen des Sturmes. Yussuf al-Fachry ging im Innern der Einsiedelei auf und ab. Von Zeit zu Zeit blieb er am Eingang stehen und blickte in die verregnete Nacht. Ich verharrte schweigend, lausch-

te den Schwingungen seines Geistes und dachte über
seine Worte nach sowie über sein Leben und was sich
darin an Freuden der Einsamkeit und Leiden verbarg.
Nach Mitternacht näherte er sich mir und betrachtete
lange mein Gesicht, als wollte er sich das Bild des Menschen einprägen, dem er das Geheimnis seiner Einsamkeit und Zurückgezogenheit offenbart hatte. Dann sagte
er: «Ich gehe jetzt, denn im Sturm zu laufen, ist für mich
eine Freude, die ich im Herbst und Winter genieße.
Hier ist die Cafetière, und hier sind die Zigaretten.
Wenn du Wein trinken willst, so findest du ihn in diesem Krug, und wenn du schlafen willst, so nimm dir
Decke und Kissen aus dieser Ecke.»
Nach diesen Worten hüllte er sich in einen dicken,
schwarzen Umhang und sagte lächelnd: «Ich bitte dich,
die Tür der Einsiedelei zu schließen, wenn du sie morgen früh verläßt, denn ich werde den morgigen Tag im
Zedernhain verbringen.»
Er ging zur Tür, nahm einen langen Stock von der Wand
und sprach: «Wenn der Sturm dich ein zweites Mal in
dieser Umgebung überrascht, dann zögere nicht, in die
Einsiedelei zu kommen. Allerdings wäre ich froh, wenn
du deiner Seele die Liebe zum Sturm beibringst und
nicht die Angst davor! Guten Abend, Bruder!» Und er
trat eilig in die Nacht hinaus.
Als ich an die Tür der Einsiedelei trat und ihm nach-
blickte, hatte die Finsternis ihn bereits aufgenommen,
und man hörte nur noch das Hallen seiner Schritte auf
dem Kiesweg.
Als der Morgen kam, war der Sturm vorbei, die Wolken
hatten sich zerstreut, und Felsen und Wälder erschie-

nen im neuen Schmuck des Sonnenlichts. Ich verließ
die Einsiedelei, nachdem ich ihre Tür gut verschlossen
hatte. Da geschah in meiner Seele etwas von dem geistigen Erwachen, von dem Yussuf al-Fachry gesprochen
hatte.

Kaum hatte ich die Häuser der Menschen erreicht, sah
ihre Betriebsamkeit und hörte ihren Lärm, da hielt ich
einen Moment inne und sagte mir: Ja, das geistige Erwachen ist das wichtigste Ereignis im Menschen; es ist
sogar das Ziel seines Lebens. Aber ist nicht auch die
Zivilisation mit allem, was sie enthält, ein Weg zum geistigen Erwachen? Wie ließe sich das leugnen? Zwar mag
unsere gegenwärtige Zivilisation eine vorübergehende
Erscheinungsform sein, doch das ewige Gesetz macht
aus diesen vorübergehenden Manifestationen eine Lei-
ter, deren Sprossen uns zum absoluten Wesen führen.

Ich habe Yussuf al-Fachry kein weiteres Mal mehr ge-
troffen, denn das Schicksal hat mich am Ende jenes
Herbstes aus dem Nordlibanon verbannt. Ich emigrier-
te in ein entferntes Land, dessen Stürme gezähmt sind.
Und was die Askese betrifft, so hält man sie in diesem
Land für eine Torheit.

Die Stürme

Vom Geben

Dann sagte ein reicher Mann:
Sprich uns vom Geben.
Und er antwortete:
Ihr gebt nur wenig, wenn ihr von eurem Besitz gebt.
Erst wenn ihr von euch selber gebt, gebt ihr wahrhaft.
Denn was ist euer Besitz anderes als etwas, das ihr bewahrt und bewacht aus Angst, daß ihr es morgen brauchen könntet?
Und morgen, was wird das Morgen dem übervorsichtigen Hund bringen, der Knochen im spurlosen Sand vergräbt, wenn er den Pilgern zur heiligen Stadt folgt?
Und was ist die Angst vor der Not anderes als Not? Ist nicht Angst vor Durst, wenn der Brunnen voll ist, der Durst, der unlöschbar ist?
Es gibt jene, die von dem Vielen, das sie haben, wenig geben – und sie geben um der Anerkennung willen, und ihr verborgener Wunsch verdirbt ihre Gaben. Und es gibt jene, die wenig haben und alles geben. Das sind die, die an das Leben und die Fülle des Lebens glauben, und ihr Beutel ist nie leer.
Es gibt jene, die mit Freude geben, und die Freude ist ihr Lohn.
Und es gibt jene, die nur Schmerzen geben, und der Schmerz ist ihre Taufe.
Und es gibt jene, die geben und keinen Schmerz beim Geben kennen: weder suchen sie Freude dabei, noch geben sie um der Tugend willen;

Sie geben, wie im Tal dort drüben die Myrte ihren Duft verströmt.

Durch ihre Hände spricht Gott, und aus ihren Augen lächelt Er auf die Erde.

Es ist gut zu geben, wenn man gebeten wird, aber besser ist es, wenn man ungebeten gibt, aus Verständnis;

Und für den Freigebigen ist die Suche nach einem, der empfangen soll, eine größere Freude als das Geben.

Und gibt es etwas, das ihr zurückhalten werdet?

Alles, was ihr habt, wird eines Tages gegeben werden; Daher gebt jetzt, daß die Zeit des Gebens eure ist und nicht die eurer Erben.

Ihr sagt oft: «Ich würde geben, aber nur dem, der es verdient.»

Die Bäume in eurem Obstgarten reden nicht so, und auch nicht die Herden auf euren Weiden.

Sie geben, damit sie leben dürfen, denn zurückhalten heißt zugrunde gehen.

Sicher ist der, der würdig ist, seine Tage und Nächte zu erhalten, auch alles anderen von euch würdig.

Und der, der verdient hat, vom Meer des Lebens zu trinken, verdient auch, seinen Becher aus eurem Bach zu füllen.

Und welches Verdienst wäre größer als der Mut und das Vertrauen, ja auch die Nächstenliebe, die im Empfangen liegt?

Und wer seid ihr, daß die Menschen sich die Brust zerreißen und ihren Stolz entschleiern sollten, damit ihr ihren Wert nackt und ihren Stolz entblößt seht?

Seht erst zu, daß ihr selber verdient, ein Gebender und ein Werkzeug des Gebens zu sein.

Denn in Wahrheit ist es das Leben, das dem Leben gibt – während ihr, die ihr euch als Gebende fühlt, nichts anderes seid als Zeugen.

Und ihr, die ihr empfangt – und ihr seid alle Empfangende –, bürdet euch nicht die Last der Dankbarkeit auf, damit ihr nicht euch und dem Gebenden ein Joch auferlegt.

Steigt lieber zusammen mit dem Gebenden auf seinen Gaben empor wie auf Flügeln;

Denn seid ihr euch eurer Schuld zu sehr bewußt, heißt das, die Freigebigkeit desjenigen zu bezweifeln, der die großherzige Erde zur Mutter und Gott zum Vater hat.

Der Prophet

Das ehrgeizige Veilchen

Es war einmal ein schönes, wohlriechendes Veilchen, das friedlich unter seinen Freunden wohnte und sich glücklich mit den anderen Blumen in einem abgelegenen Garten wiegte. Eines Morgens – seine Krone war mit Tautropfen verziert – hob es seinen Kopf und sah um sich. Es erblickte eine hübsche Rose, die stolz dastand und hoch in den Himmel reichte, so wie eine brennende Fackel auf einer smaragdfarbenen Leuchte.

Das Veilchen öffnete seine blauen Lippen und sagte: «Was bin ich doch für ein unglückseliges Geschöpf unter diesen Blumen, und wie niedrig ist die Stellung, die ich unter ihnen einnehme. Die Natur hat mich kurz und arm gemacht. Ich lebe nahe der Erde und kann meinen Kopf nicht zum blauen Himmel erheben oder mein Gesicht der Sonne zuwenden, wie es die Rosen tun.»

Als die Rose die Worte ihrer Nachbarin vernahm, lachte sie und meinte: «Wie seltsam ist deine Rede! Du bist glücklich, und dennoch bist du nicht imstande, dein Glück zu verstehen. Die Natur hat dich mit einem Duft und einer Schönheit beschenkt, die sie niemand anderem gewährte. Vergiß deine Gedanken, sei zufrieden und bedenke, daß, wer sich selbst erniedrigt, wird erhöht werden, wer sich aber selbst erhöht, wird zermalmt werden.»

Das Veilchen gab zur Antwort: «Du hast leicht reden, denn du besitzest, wonach ich verlange ... Du suchst

mich zu verbittern in der Meinung, du seiest groß-
mütig... Wie schmerzhaft ist die Predigt des Glück-
lichen für das Herz des Unglückseligen! Wie streng ist
doch der Starke, wenn er als Ratgeber unter Schwachen
steht!»

Die Natur hörte das Gespräch zwischen dem Veilchen
und der Rose. Sie trat hinzu und sagte: «Was ist dir
geschehen, meine Tochter Veilchen? Du warst immer
bescheiden und süß in all deinen Taten und Worten. Hat
die Gier Eingang in dein Herz gefunden und deine
Sinne verdunkelt?» Das Veilchen antwortete ihr mit
einem Ton der Verteidigung in der Stimme und sagte:
«Große und barmherzige Mutter, voll der Liebe und
Sympathie, ich bitte dich von ganzem Herzen, mir
meine Bitte zu gewähren und mir zu erlauben, einen
Tag lang eine Rose zu sein.»
Die Natur antwortete: «Du weißt nicht, was du dir
wünschst. Du bist dir nicht bewußt, welche Katastrophe
sich hinter deinem blinden Ehrgeiz verbirgt. Wenn du
eine Rose bist, wird es dir leid tun, und nutzlose Reue
wird dich befallen.» Das Veilchen aber bestand auf seinem Wunsch: «Verwandle mich in eine große Rose,
denn ich möchte mein Haupt mit Stolz emporheben.
Und egal, was mein Schicksal sein wird, ich werde dafür
verantwortlich sein.» Die Natur gab nach und sagte:
«Unwissendes und rebellisches Veilchen, ich will dir
deine Bitte gewähren. Aber wenn Unglück über dich
kommt, mußt du dich bei dir selbst beklagen.»
Die Natur streckte ihre geheimnisvollen Zauberhände

aus und berührte die Wurzeln des Veilchens. Augenblicklich verwandelte sich das Veilchen in eine große Rose und war höher als alle anderen Blumen des Gartens.

Zur Abendzeit wurde der Himmel schwer mit schwarzen Wolken, und die aufgebrachten Elemente störten die Ruhe des Lebens mit ihrem Donner. Sie begannen den Garten anzugreifen, indem sie großen Regen und starken Wind auf ihn losließen. Der Sturm riß die Äste von den Bäumen, entwurzelte die Pflanzen, brach die Stämme der großen Blumen und schonte nur die kleinen, die nahe der freundlichen Erde wuchsen. Der abgelegene Garten litt schwer unter dem Angriff des kriegslustigen Himmels, und als sich der Sturm beruhigte und es aufklarte, lagen alle Blumen verwüstet da, und keine von ihnen war dem Zorn der Natur entkommen mit Ausnahme einer Gruppe kleiner Veilchen, die sich an der Gartenmauer versteckten.

Eines der Veilchenmädchen hob seinen Kopf und betrachtete die Tragödie der Blumen und Bäume. Dann lächelte es glücklich und rief seinen Gefährtinnen zu: «Schaut, was der Sturm den hochmütigen Blumen getan hat!» Ein anderes Veilchen sagte: «Wir sind zwar klein und leben nahe der Erde, aber wir sind sicher vor dem Zorn des Himmels.» Das dritte fügte hinzu: «Weil wir arm an Größe sind, kann uns der Sturm nichts anhaben.»

In diesem Moment erblickte die Königin der Veilchen an ihrer Seite das verwandelte Veilchen, das vom Sturm zu Boden geworfen worden war und entstellt auf dem nassen Gras lag wie ein kraftloser Soldat auf einem Schlachtfeld. Die Königin der Veilchen erhob ihr Haupt, rief ihre Familie zusammen und sagte: «Seht, meine Töchter, und denkt darüber nach: das hat die Gier einem Veilchen beschert, das für eine Stunde lang eine stolze Rose war. Laßt diese Szene für euch ein Mahnmal eures Glücks sein.»

Die sterbende Rose aber bewegte sich, raffte ihre letzte Kraft zusammen und sagte ruhig: «Ihr seid zufriedene und schwache Dummköpfe. Nie habe ich den Sturm gefürchtet. Gestern noch war auch ich glücklich und zufrieden mit dem Leben, aber diese Zufriedenheit war eine Schranke zwischen meiner Existenz und dem Sturm des Lebens. Sie hat mich in einem kränklichen und tatenlosen Frieden festgehalten und in einer geistigen Trägheit. Ich hätte dasselbe Leben leben können wie ihr, die ihr euch in Angst an die Erde klammert... Ich hätte auf den Winter warten können, der mich mit dem Leichentuch des Schnees bedeckt hätte und mich dem Tode übergeben hätte, der sicher alle Veilchen hinwegraffen wird... Ich bin jetzt glücklich, denn ich bin über meine kleine Welt hinausgegangen und vorgestoßen in das Geheimnis des Universums... und das ist etwas, das ihr nicht getan habt. Es war nicht Gier, die mich getrieben hat. Als ich in die Stille der Nacht hinauslauschte, hörte ich, wie die himmlische Welt zur irdischen folgende Worte sprach: ‹Ehrgeiz über die Grenzen der eigenen Existenz hinaus ist im Grunde der Zweck unseres Daseins.› In diesem Augenblick empörte sich mein Geist, und mein Herz sehnte sich nach einer Stellung, die höher war als meine begrenzte Existenz. Ich begriff, daß der Abgrund den Gesang der

Sterne nicht hören kann, und in diesem Moment begann ich mein Kleinsein zu bekämpfen und nach etwas zu verlangen, das nicht zu mir gehörte, so lange, bis sich mein Aufruhr in eine starke Kraft verwandelte und mein Verlangen in schöpferischen Willen. Die Natur, die der Gegenstand unserer tiefen Träume ist, gewährte mir mein Verlangen und verwandelte mich mit ihren Zauberhänden in eine Rose.»

Die Rose verstummte für einen Augenblick, und mit vergehender Stimme, die gemischt war mit Stolz auf die eigene Leistung, sagte sie: «Eine Stunde lang habe ich als stolze Rose gelebt. Eine Zeitspanne lang habe ich gelebt wie eine Königin. Ich habe das Universum mit den Augen einer Rose betrachtet. Ich habe das Flüstern des Himmels mit den Ohren einer Rose vernommen und die Strahlen des Lichtes mit den Blütenblättern einer Rose berührt. Ist jemand hier, der eine solche Ehre für sich in Anspruch nehmen kann?» Nachdem sie so gesprochen hatte, senkte sie ihren Kopf und sprach mit verlöschender Stimme: «Ich werde jetzt sterben, denn meine Seele hat ihr Ziel erreicht. Mein Wissen umfaßt jetzt eine Welt, die jenseits der engen Höhle meiner Geburt liegt. Das ist das Abbild des Lebens ... Das ist das Geheimnis der Existenz.» Die Rose erzitterte, faltete langsam ihre Blütenblätter zusammen und tat ihren letzten Atemzug mit einem himmlischen Lächeln auf den Lippen: einem Lächeln der erfüllten Hoffnung und des erreichten Lebensziels, einem Lächeln des Sieges – dem Lächeln eines Gottes.

Abgründe des Herzens

Zum
Verschenken
schön

PATMOS
Verlagshaus

PATMOS
ARTEMIS &
WINKLER
BENZIGER
WALTER

Spiritualität und Literatur

Gandhi, Mahatma
Aus der Tiefe des Herzens
Ausgewählt und übersetzt von
Henrike Rick. Eingeleitet und heraus-
gegeben von Martin Kämpchen
144 S. Halbleinen
DM 29,80 öS 218,- sFr 27,50
ISBN 3-545-20164-3
Mahatma Gandhis konkrete und
anschauliche Gedanken sind von
einer tiefen Lebenserfahrung
geprägt.

Khalil Gibran und seine
Freunde
Im Schatten der Zedern
Worte der Weisheit
Hrsg. von Ursula Assaf-Nowak
128 S. Halbleinen
DM 24,80 öS 181,- sFr 23,-
ISBN 3-545-20161-9
Die gegenwärtige Literatur des
Libanon schöpft aus einem
spirituellen Reichtum, den das
Abendland bisher kaum wahr-
genommen hat.

NEU
Das Glück spricht viele
Sprachen
Eine literarische Textsammlung
Zusammengestellt von
Luise und Rainer Thuß
140 S. Halbleinen
DM 24,80 öS 181,- sFr 23,-
ISBN 3-545-20173-2
Der Band zeigt den gewaltigen
Facettenreichtum dessen, was
Menschen als Glück erfahren.
Die Autoren: Jorge Amado,
Bertold Brecht, Paolo Coelho,
Johann Wolfgang v. Goethe,
Theodor Fontane, Hermann
Hesse, Gotthold E. Lessing,
Gabriel Garcia Marquez,
Antoine de Saint-Exupéry,
Maxi Wander, Stefan Zeromski
u. v. a..

Haag, Herbert /
Elliger, Katharina
– Wenn er mich doch küßte
Das Hohelied der Liebe
112 S. mit 6 farbigen Illustrationen
von Marc Chagall
DM 36,80 öS 269,- sFr 34,-
ISBN 3-545-34121-6

Halbfas, Hubertus
Der Sprung in den Brunnen
Eine Gebetsschule
200 S. Gebunden
DM 32,- öS 234,- sFr 29,50
ISBN 3-491-77985-5

Verlagsnummern:		3-491	Patmos
3-7608	Artemis	3-538	Winkler
3-545	Benziger	3-530	Walter

NEU

Jest, Corneille
Karma, der Geschichtenerzähler
Tibetische Legenden
264 S. mit 10 Illustrationen.
Gebunden
DM 39,80 öS 291,- sFr 37,-
ISBN 3-545-20172-4
Der französische Ethnologe
Corneille Jest und Karma, der
Geschichtenerzähler, unterneh-
men eine Pilgerreise in der
tibetischen Grenzregion Dolpo.
Auf ihrer Reise lässt Karma
mit seinen Erzählungen den
bunten Kosmos tibetischer
Legenden lebendig werden.

NEU

C. G. Jung
Über die Liebe
110 S. Halbleinen
DM 24,80 öS 181,- sFr 23,-
ISBN 3-530-41003-9
In der vorliegenden Auswahl
von Kurztexten und Zitaten
aus C. G. Jungs Werk finden
sich seine wesentlichen
Gedanken zum Thema Liebe.

NEU

Mathias Jung
Der Kleine Prinz in uns
Eine Entdeckungsreise
mit Saint-Exupéry
128 S. Gebunden
24,80 DM öS 181,- sFr 23,-
ISBN 3-545-20171-6

Der Kleine Prinz ist die
Begegnung Saint-Exupérys
mit seinem inneren Kind. Der
Kleine Prinz begegnet auf
seiner Reise zu den Planeten
dem König, dem Eitlen, dem
Säufer usw. Wieviel von allen
diesen auch in uns selber
steckt, erfahren wir in diesem
Buch.

King, Martin Luther
Ich habe einen Traum
Ausgewählt und herausgegeben
von Hans-Eckehard Bahr
und Heinrich Grosse
140 S. Halbleinen
DM 24,80 öS 181,- sFr 23,-
ISBN 3-545-20165-1
Die bewegenden Worte des 1968
ermordeten Bürgerrechtlers und
Friedensnobelpreisträgers bringen
zum Ausdruck, was er selbst gelebt
hat: Es gibt Alternativen zu Gewalt
und Resignation.

Kurz, Paul Konrad (Hrsg.)
Höre Gott!
Psalmen des Jahrhunderts
288 S. Gebunden
DM 39,80 öS 291,- sFr 37,-
ISBN 3-545-20137-6
Zeitgenössische Gebete u.a. von:
Rainer Maria Rilke, Else Lasker-
Schüler, Hermann Hesse, Nelly
Sachs, Rose Ausländer, H.M. Enzens-
berger, Kurt Tucholsky.
CD siehe S. 10

Leih mir dein Ohr

Gebete aus aller Welt
Zusammengestellt von
Monika und Udo Tworuschka
120 S. Halbleinen
DM 24,80 öS 181,- sFr 23,-
ISBN 3-545-20174-0
**Die Sammlung vereint Gebete
aus den großen Weltreligionen:
Buddhismus, Christentum,
Hinduismus, Judentum, aber
auch Gebete von Sikhs, Parsen,
japanischen Shintogläubigen
und Indianer-Traditionen.**

Die letzte Reise des Propheten

Was Khalil Gibran zu erzählen
vergaß
Eine Erzählung von Jonas Bühler
60 S. Halbleinen
DM 19,80 öS 145,- sFr 19,-
ISBN 3-545-20176-7
**Khalil Gibrans weltberühmtes
Buch »Der Prophet« endet mit
der Abreise von Almustafa aus
Orphalese.
Jonas Bühler hat es nun unter-
nommen, die Geschichte des
Propheten in der Sprache
Gibrans weiter zu erzählen.**

Lewis, C. S.
– **Gespräch mit Gott**

Gedanken zu den Psalmen
Mit einem Vorwort von Erich Zenger
152 S. Gebunden
DM 29,80 öS 218,- sFr 27,50
ISBN 3-545-20152-X
»Mir ist das Wertvollste in den
Psalmen der Ausdruck eben jener
Freude an Gott, die David tanzen
ließ – und von der wir hoffen, sie
werde uns beim Lesen anstecken.«
C.S. Lewis
– **Über die Trauer**

Mit einem Vorwort von Verena Kast
Lebensfunken, Band 1
96 S. Gebunden
DM 19,80 öS 145,- sFr 19,-
ISBN 3-545-20141-4

de Saint-Exupéry, Antoine
– **Botschaft der Wüste**

Ausgewählt von Peter Schifferli
96 S. Halbleinen
DM 24,80 öS 181,- sFr 23,-
ISBN 3-545-20175-9
**Die spirituelle Dimension, die
die Wüste für Saint-Exupéry
hat, zeigt sich vor allem in
diesem kleinen Band, der die
schönsten Passagen aus
seinem posthum veröffent-
lichten Buch »Die Stadt in der
Wüste« (1948) versammelt.**

– **Man kennt nur die Dinge,
die man zähmt**
Zusammengestellt von Rainer Thuß
128 S. Halbleinen
DM 24,80 öS 181,- sFr 23,-
ISBN 3-545-20150-3
Wunderbare Gedanken, Sinnsprüche
und nachdenklich stimmende Text-
passagen über den langen Weg zur
Selbsterkenntnis.

– **Was du gibst,macht dich
nicht ärmer**
Zusammengestellt von Rainer Thuß
144 S. Halbleinen
DM 24,80 öS 181,- sFr 23,-
ISBN 3-545-20160-0
Dieser Band vereint spannende
Reportagen, poetische Naturbeo-
bachtungen und kluge Lebens-
weisheiten.

**Schultz, Hans Jürgen
Das Leben leise lernen**
Auf den Spuren einer vergessenen
Kunst
160 S. Gebunden
DM 29,80 öS 218,- sFr 27,50
ISBN 3-545-20138-4
Ein ansprechendes und anspruchs-
volles Brevier der Lebenskunst auf
hohem literarischen Niveau.

NEU
Schuon, Frithjof
Perlen des Pilgers
Weisheitstexte
Zusammengestellt von Felix Bieri
100 S. Halbleinen
DM 24,80 öS 181,- sFr 23,-
ISBN 3-545-20179-1
**Frithjof Schuon (1907–1998) gilt
als bedeutendster Vertreter der
»Philosophia perennis«, einer
Weisheitslehre, die sich mit der
in allen Kulturen, Zeiten und
Religionen gleichbleibenden
universellen Wahrheit beschäf-
tigt.**

**Schwarz, Ernst (Hrsg.)
Die Glocke schallt,
die Glocke schweigt**
Buddhistische Weisheit
192 S. Halbleinen
DM 29,80 öS 218,- sFr 27,50
ISBN 3-545-20163-5
Klassische, traditionelle und neuere
buddhistische Texte wie Koans,
Sutren, kurze Erzählungen und
Mönchsbiographien.

NEU
Schwarz, Ernst
Das Leben des Bodhidharma
Der Stifter des Zen
256 S. Gebunden
DM 39,80 öS 291,- sFr 37,-
ISBN 3-545-20170-8
Eine spirituelle Biographie-
erzählung über den Stifter
des Zen und den Reichtum
buddhistischer Weisheit.

Seattle
Wir sind ein Teil der Erde
Die Rede des Häuptlings Seattle
64 S. durchgehend illustriert von
Joelle Lanoe. Halbleinen
DM 19,80 öS 145,- sFr 19,-
ISBN 3-545-20162-7
Der Best- und Longseller indiani-
scher Weisheit zur Achtung und
Bewahrung der Natur – als schöner
Geschenkband mit vielen indiani-
schen Motiven illustiert.
Ausgabe Broschur
DM 11,- öS 80,- sFr 11,-
ISBN 3-530-81051-7

Die Seele ist wie ein Wind
Weisheit der Religionen
Zusammengestellt von Monika
und Udo Tworuschka
104 S. Halbleinen
DM 24,80 öS 181,- sFr 23,-
ISBN 3-545-20166-X

Diese Sammlung vereint Weisheitstexte der Religionen aus aller Welt.
Es sind die großen Themen der
Menschheit, die sich in den unterschiedlichen Kulturen und Gottes-
beziehungen auf je eigene Weise
widerspiegeln.

da Silva Neto, Silvino Alves
Der Eremit
Gespräche am Rande des Meeres
120 S. Englische Broschur
DM 22,80 öS 166,- sFr 22,80
ISBN 3-530-82130-6

Tagore, Rabindranath
Am Ufer der Stille
Ausgewählt, eingeleitet und aus
dem Bengalischen übersetzt von
Martin Kämpchen
Mit Fotos von Samiran Nandy und
Andreas Hoffmann
104 S. mit 25 Duotone-Tafeln.
Gebunden. Sonderpreis
DM 19,80 öS 145,- sFr 19,-
ISBN 3-545-33148-2

Khalil Gibran

Geschenkausgaben:

NEU
Erstausgabe:
Liebesbriefe an May Ziadeh
Aus dem Arabischen übertragen
und eingeleitet von Ursula Assaf-
Nowak und S. Yussuf Assaf
Ca. 140 S. mit diversen Farb-
abbildungen von Khalil Gibran
Gebunden
Ca. DM 29,80 öS 218,- sFr 27,50
ISBN 3-530-10021-8
Die Briefe von Khalil Gibran an
May Ziadeh sind literarische
Zeugnisse einer einzigartigen
Seelenverwandtschaft zweier
Schriftsteller, die einander nie
persönlich begegnet sind.

Die Musik und Der Reigen
88 S. mit 8 vierfarbigen Bildern von
Françoise Girardot Hiestand,
Halbleinen mit Lesebändchen
DM 24,80 öS 181,- sFr 23,-
ISBN 3-530-10014-5

Der Narr
Lebensweisheit in Parabeln
56 S. mit 8 vierfarbigen Bildern
von Françoise Girardot Hiestand,
Halbleinen mit Lesebändchen
DM 19,80 öS 145,- sFr 19,-
ISBN 3-530-10015-3

Die Nymphen der Täler
Drei Novellen
96 S. Halbleinen mit
Lesebändchen
DM 24,80 öS 181,- sFr 23,-
ISBN 3-530-10019-6

Der Prophet
144 S., durchgehend vierfarbig
illustiert von Michele Ferri
Englische Broschur
DM 29,80 öS 218,- sFr 27,50
ISBN 3-530-10016-1
Noch nie wurde das erfolgreiche
Kultbuch in so origineller Weise
grafisch gestaltet wie in dem hier
vorliegenden Buch.
CD siehe S. 10

Der Prophet
112 S. mit 12 vierfarbigen Bildern
von Françoise Girardot Hiestand,
Halbleinen mit Lesebändchen
DM 29,80 öS 218,- sFr 27,50
ISBN 3-530-10007-2

Sand und Schaum
Aphorismen
80 S. mit 8 Farbaquarellen
von Françoise Girardot Hiestand,
Halbleinen mit Lesebändchen
DM 24,80 öS 181,- sFr 23,-
ISBN 3-530-10018-8
Gibrans Einsichten über Endliches
und Ewigkeit – kombiniert mit
leuchtenden, spontanen Aquarellen.

Die sieben Worte der Weisheit
120 S. mit 7 vierfarbigen Bildern
von Françoise Girardot Hiestand
Halbleinen mit Lesebändchen
DM 29,80 öS 218,- sFr 27,50
ISBN 3-530-10004-8

**Und die Hoffnung ging
vor mir her**
128 S. Halbleinen mit Lesebändchen
DM 24,80 öS 181,- sFr 23,-
ISBN 3-530-10020-X

Broschierte Ausgaben:

– **Abgründe des Herzens**
76 S. Broschur
DM 17,80 öS 130,- sFr 17,80
ISBN 3-530-26724-4
– **Erde und Seele**
Ungewöhnliche Weisheiten
167 S. Broschur
DM 29,80 öS 218,- sFr 27,50
ISBN 3-530-10003-X
– **Gebrochene Flügel**
110 S. Broschur
DM 19,80 öS 145,- sFr 19,80
ISBN 3-530-26717-1
– **Geheimnisse des Herzens**
66 S. Broschur
DM 17,80 öS 130,- sFr 17,80
ISBN 3-530-26723-6
– **Die Götter der Erde**
63 S. Broschur
DM 18,80 öS 137,- sFr 18,80
ISBN 3-530-26714-7
– **Jesus Menschensohn**
Seine Worte und Taten, berichtet
von Menschen, die ihn kannten

170 S. Broschur
DM 29,80 öS 218,- sFr 29,80
ISBN 3-530-26716-3
– **Der Narr**
Lebensweisheit in Parabeln
47 S. Broschur
DM 17,80 öS 130,- sFr 17,-
ISBN 3-530-26721-X
– **Der Prophet**
72 S. Broschur
DM 19,80 öS 145,- sFr 19,80
ISBN 3-530-26719-8
– **Rebellische Geister**
Geschichten
114 S. Broschur
DM 19,80 öS 145,- sFr 19,80
ISBN 3-530-26726-0
– **Das Reich der Ideen**
Aphorismen und Betrachtungen
110 S. Broschur
DM 19,80 öS 145,- sFr 19,80
ISBN 3-530-26725-2
– **Sand und Schaum**
Aphorismen. 64 S. Broschur
DM 17,80 öS 130,- sFr 17,80
ISBN 3-530-26722-8
– **Die Stürme**
179 S. Broschur. Sonderpreis
DM 19,80 öS 145,- sFr 19,-
ISBN 3-530-10002-1
– **Eine Träne und ein Lächeln**
183 S. Broschur
DM 29,80 öS 218,- sFr 29,80
ISBN 3-530-26715-5
– **Der Vorbote**
Gleichnisse und Gedichte
61 S. Broschur
DM 15,80 öS 115,- sFr 15,80
ISBN 3-530-26728-7

Musik
und Spiritualität

Zum 250. Todestag
J. S. Bachs am 28. Juli 2000

NEU
Die ganze Welt
bewundert Bach
Von Kennern für Liebhaber
Herausgegeben und zusammen-
gestellt vonMeinrad Walter
120 S. Halbleinen
DM 24,80 öS 181,- sFr 23,-
ISBN 3-545-20178-3
Dieser Geschenkband versam-
melt die schönsten Bekennt-
nisse zu Bach aus 300 Jahren.
Die Texte stammen u.a. von:
Rose Ausländer, Felix Mendels-
sohn Bartholdy, Ludwig van
Beethoven, Wolf Biermann,
Johann Wolfgang v. Goethe.

Walter, Meinrad
Erschallet, ihr Lieder,
erklinget, ihr Saiten
J. S. Bachs Musik im Jahreskreis
248 S. mit Notenbeispielen
Gebunden
DM 39,80 öS 291,- sFr 37,-
ISBN 3-545-20200-3
Zum Bachjahr 2000 gibt dieses
Buch einen fachlich fundierten und
zugleich auch für den musikali-
schen Laien verständlichen Einblick
in die Musik des Thomaskantors.

Ein Hauch der Gottheit
ist Musik
Gedanken großer Musiker
Ausgewählt und herausgegeben
von Meinrad Walter
112 S. Halbleinen
DM 24,80 öS 181,- sFr 23,-
ISBN 3-545-21055-4
Für alle Liebhaber der Tonkunst
versammelt das Geschenkbuch
erstmals persönliche Erfahrungen
und Einsichten der Musiker.

Fischer, Michael (Hrsg.)
Da berühren sich Himmel
und Erde
Musik und Spiritualität
Eine Anthologie
248 S. Gebunden
DM 36,80 öS 269,- sFr 34,-
ISBN 3-545-20140-6
Die spirituelle Dimension der Musik
in einem vielstimmigen Konzert von
der Antike bis zur Gegenwart.

Was wäre das Leben
ohne Musik
Gedanken und Gedichte
Ausgewählt und herausgegeben
von Michael Fischer
128 S. mit vier Vignetten
Halbleinen
DM 24,80 öS 181,- sFr 23,-
ISBN 3-545-20167-8
Berühmte Denker und Dichter kom-
men zu Wort, die ihre Gedanken
zur Musik aus dem Erlebnis des
Hörens heraus entfalten.

Musik und Spiritualität – Tonträger

Gibran, Khalil
Der Prophet
Gelesen von Otto Sander
MC DM 19,95 öS 160,- sFr 19,95*
ISBN 3-530-26713-9
CD DM 29,95 öS 240,- sFr 29,95*
ISBN 3-530-26712-0
Eines der erfolgreichsten Kult-
bücher der letzten Jahrzehnte auf
MC/CD.

Der Herr ist mein Hirte
Der 23. Psalm in Wort und Ton
Johannes Götz, Orgel
Götz Ertle, Saxophon
Schola Cantorum Neustadt
Karl-Rudolf Menke, Sprecher
CD mit Booklet
DM 29,95 öS 240,- sFr 29,95*
ISBN 3-545-97004-3
Durch Gesang und Orgelmusik,
durch Rezitation der Psalmworte
und meditativer Auslegungen wird
der 23. Psalm neu zum Klingen
gebracht.

Höre Gott!
Martin Gotthard Schneider impro-
visiert zu alten und neuen Psalmen
Sprecher: Rudolf Guckelsberger
CD mit Booklet
DM 29,95 öS 240,- sFr 29,95*
ISBN 3-545-97002-7

Tagore, Rabindranath
Am Ufer der Stille
Aus dem Bengalischen übersetzt
von Martin Kämpchen mit Original-
Vertonungen aus Bengalen
Gelesen von Otto Mellies
MC DM 19,95 öS 160,- sFr 19,95*
ISBN 3-545-97010-8
CD DM 29,95 öS 240,- sFr 29,95*
ISBN 3-545-97011-6
Die Lieder, Gedichte, Aphorismen
und Dramen Tagores gehören zum
Tiefsten, was die östliche Spiri-
tualität der Neuzeit zu bieten hat.

Patmos Hörbuch siehe Prospekt
Hörbuch Best.-Nr. 89890-0

*Unverbindliche Preisempfehlung

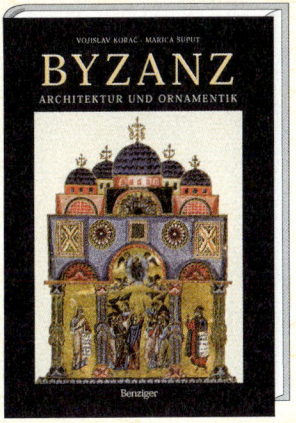

Kunst

Korac, Vojislav / Suput, Marcia
Byzanz
Architektur und Ornamentik
216 S. mit 80 Farbtafeln und über
240 S/W-Abbildungen. Gebunden
Ca. 128,- DM öS 934,- sFr 114,-
ISBN 3-545-33156-3/März
Dieser schön gestaltete Band
erläutert zehn Jahrhunderte
byzantinischer Baukunst und
Ornamentik, die in ihrer Pracht
und Fülle die Menschen bis
heute faszinieren. Mit über
300 Abbildungen.

Velmans, Tania
Byzanz
Malerei und Mosaike
320 S. Gebunden
DM 148,- öS 1080,- sFr 131,-
ISBN 3-545-33155-5
Von der frühbyzantinischen Ästhe-
tik des 6. Jahrhunderts, ihrer
klassischen Ausformung im 8. und
9., über den byzantinischen Huma-
nismus des 13. Jahrhunderts bis zur
Entfaltung der Malerei des 15.
Jahrhunderts bietet dieser Band
beeindruckende Bilder und
Einsichten.

Die Sixtinische Kapelle –
Die Deckenfresken
272 S. mit über 300 Farbabb.
Gebunden mit Schutzumschlag
im Schuber.
Sonderpreis
DM 79,- öS 577,- sFr 72,-
ISBN 3-545-34115-1
Die Bilder der Fresken nach der
Restaurierung bringen die unge-
ahnte künstlerische Ausdruckskraft
von Michelangelos Farben ans
Tageslicht.

Die Sixtinische Kapelle –
Das Jüngste Gericht
204 S. mit 120 Farbabb.
Gebunden mit Schutzumschlag
im Schmuckschuber
Sonderpreis
DM 49,- öS 358,- sFr 45,50
ISBN 3-545-33151-2
Der einzige ausschließlich dem
»Jüngsten Gericht« gewidmete
Kunstband.

Passarelli, Gaetano
Die Ikonen zu den großen
byzantinischen Festen
272 S. mit 104 Farbtafeln und 168
s/w-Abb. Gebunden mit Schutzumschlag im Schuber
DM 148,- öS 1080,- sFr 131,-
ISBN 3-545-33154-7
Dieser prächtig ausgestattete Bild-
band enthält die gesamte Vielfalt
der Ikonenmalerei von Byzanz –
einer bis heute lebendigen Kunst.

Ich/Wir bestelle/n über die Buchhandlung:

Expl.	Autor und Titel	ISBN

Fordern Sie bitte bei Interesse auch folgende Informationen an:
Literatur Best.-Nr. 89063-2, Sachbuch Best.-Nr. 89064-0, Hörbuch Best.-Nr. 89890-0

Absender:

_____
Name/Vorname

_____
Straße/Nummer

_____
PLZ/Ort

_____
Datum/Unterschrift

Bitte ausschneiden und in frankiertem Umschlag an Ihren Buchhändler
oder an die Verlagsadresse einsenden:
Patmos Verlagshaus · Postfach 10 40 64 · 40031 Düsseldorf
Telefon 02 11/1 67 95-55 · Telefax 02 11/1 67 95-75
e-mail: service@patmos.de
Internetadresse: http://www.patmos.de

Patmos Verlagshaus:
PATMOS · ARTEMIS & WINKLER
BENZIGER · WALTER

Auswahlkatalog. Stand Januar 2000. Preisänderungen und Liefermöglichkeit vorbehalten.
Illustration Titelseite: entnommen aus »Leih mir dein Ohr«, s. S. 4.

Die größere See

Meine Seele und ich gingen an die große See, um zu baden.

Als wir an die Küste kamen, hielten wir Ausschau nach einem stillen und heimlichen Platz. Dabei stießen wir auf einen Mann, der auf einem grauen Felsen saß, Salz aus einem Sack nahm und es ins Meer warf.

«Das ist der Pessimist», sagte meine Seele, «laß uns den Ort verlassen. Hier können wir nicht baden.»

Wir wanderten weiter und kamen an eine Bucht, wo wir einen Mann sahen, der auf einem weißen Felsen stand und aus einer juwelenbesetzten Schatulle Zucker in die See warf.

«Das ist der Optimist», sagte meine Seele, «er soll unsere nackten Körper auch nicht sehen.»

Wir wanderten weiter und sahen einen Mann, der am Strand tote Fische auflas und sie behutsam wieder in das Wasser tat.

«Vor diesem können wir auch nicht baden», sagte meine Seele, «das ist der humane Philanthrop.»

Wir gingen weiter.

Dann sahen wir einen Mann, der seinem Schatten im Sand folgte. Große Wellen kamen und löschten den Schatten aus, aber der Mann folgte ihm weiter immer zu.

«Das ist der Mystiker», sagte meine Seele, «gehen wir weiter.»

Wir gingen weiter, bis wir in einer stillen Bucht einen

Menschen sahen, der den Schaum vom Wasser abschöpfte und in eine Alabasterschale tat.

«Das ist der Idealist», sagte meine Seele, «der darf unsere Nacktheit gewiß nicht sehen.»

Wir gingen weiter. Plötzlich hörten wir eine Stimme: «Die See! Die unendlich gewaltige See!» – Als wir näher kamen, sahen wir einen Mann, der mit dem Rücken zur See dem Rauschen einer Muschel lauschte.

Meine Seele sagte: «Gehen wir weiter. Das ist der Realist, der dem Ganzen, das er nicht fassen kann, den Rücken kehrt und sich mit Stückwerk aufhält.»

So gingen wir weiter. In einer felsigen Wildnis sahen wir einen Mann, der seinen Kopf in den Sand eingegraben hatte. Da sagte ich zu meiner Seele: «Hier können wir baden, der kann uns nicht sehen.»

« Nein», sagte meine Seele, « das ist der übelste von allen, der Puritaner.»

Da wurde meine Seele sehr traurig und sagte:

«Gehn wir fort von hier. Hier gibt es keinen stillen und heimlichen Platz, wo wir baden könnten. Dieser Wind soll nicht durch mein goldenes Haar und über meinen weißen Busen streichen, dies Licht soll nicht meine heilige Nacktheit entblößen.»

So verließen wir die See, um nach der größeren See zu suchen.

Der Narr

Vom Leben

Die Seejungfrauen

In den Weiten des Meeres, nahe den Inseln, über denen die Sonne aufgeht, ist eine tiefe Stelle. Dort, wo es Perlen im Überfluß gibt, lag der tote Körper eines Jünglings, umringt von Seejungfrauen mit langem, goldenem Haar. Sie betrachteten ihn mit ihren tiefblauen Augen und sprachen zueinander mit ihren wohlklingenden Stimmen. Ihre Unterhaltung, in den Tiefen vernommen und von den Wellen an den Strand getragen, wurde mir von einer frischen Brise gebracht.

Eine von ihnen sagte: «Das ist ein Mensch, der gestern unsere Welt betrat, als unser Meer in Wut entbrannt war.»

Und die zweite sagte: «Nicht das Meer war in Wut entbrannt. Die Menschen, die behaupten, von den Göttern abzustammen, führten einen erbitterten Krieg und vergossen ihr Blut, bis das Wasser sich karminrot färbte. Dieses Menschenkind ist ein Opfer des Krieges.»

Die dritte meinte: «Ich weiß nicht, was Krieg ist, aber ich weiß, daß die Menschen, nachdem sie sich das Land unterworfen hatten, angriffslustig wurden und beschlossen, auch das Meer zu beherrschen. Sie entwarfen ein seltsames Gefährt, das sie über das Wasser trug, worauf unser gestrenger Neptun in seiner Habgier wütend wurde. Um nun Neptun zu besänftigen, begannen die Menschen, ihm Geschenke und Opfer darzubringen. Der leblose Körper vor uns ist das jüngste Geschenk der Menschen an unseren großen und furchtbaren Neptun.»

Die vierte erklärte: «Wie groß ist Neptun und wie grausam sein Herz! Wenn ich der Sultan des Meeres wäre, ich würde eine solche Bezahlung ablehnen... Kommt, wir wollen dieses Sühneopfer untersuchen. Vielleicht gewinnen wir eine Erkenntnis über die Wege der Menschen.»

Die Seejungfrauen näherten sich dem Jüngling, untersuchten seine Taschen und fanden nahe bei seinem Herzen eine Botschaft. Eine las sie laut den anderen vor:

Mein Geliebter

Es ist wieder Mitternacht geworden und ich habe keinen Trost als meine strömenden Tränen und nichts, um mich zu stärken, außer meine Hoffnung, daß Du zu mir zurückkehrst aus den blutigen Klauen des Krieges. Ich kann Deine Worte nicht vergessen, die Du zum Abschied sprachst: Jeder Mensch hat ein gewisses Maß an Tränen, die er zu treuen Händen gibt und die eines Tages zurückgegeben werden müssen.

Ich weiß nicht, was ich sagen soll, mein Geliebter, aber meine Seele will sich verströmen bis zum Austrocknen... meine Seele, die unter der Trennung leidet, aber getröstet ist durch die Liebe, die Schmerz zur Freude werden läßt und Kummer zum Glück. Als die Liebe unsere Herzen verband und wir den Tag vor uns sahen, an dem unsere Herzen vereinigt würden durch den mächtigen Atem Gottes, ließ der Krieg seinen furchtbaren Ruf ertönen und Du folgtest ihm, bestimmt von der Pflicht gegenüber den Führern.

Was ist das für eine Pflicht, die Liebende trennt und Frauen zu Witwen macht und Kinder zu Waisen? Was ist das für eine Vaterlandsliebe, die Kriege hervorruft und Königreiche durch Kleinigkeiten zerstört? Welcher Grund könnte mehr als nur geringfügig sein, wenn man ihn mit dem Wert eines Lebens vergleicht? Was ist das für eine Pflicht, die arme Dorfbewohner, die von den Starken und den Söhnen des Adels als Nichts angesehen werden, aufruft, für den Ruhm ihrer Unterdrücker zu sterben? Wenn die Pflicht den Frieden zwischen den Völkern zerstört und die Liebe zum Vaterland die Ruhe des menschlichen Lebens vertreibt, dann sollten wir sagen: ‹Friede sei mit der Pflicht und der Vaterlandsliebe.›

Nein, nein, mein Geliebter! Schenk meinen Worten keine Beachtung! Sei tapfer und treu für Dein Land … Hör nicht auf das Gerede eines jungen Mädchens, das blind ist vor Liebe und verloren vor Abschied und Alleinsein.

… Wenn die Liebe Dich mir in diesem Leben nicht zurückgibt, dann wird sie uns sicher im kommenden Leben vereinen.

Dein auf immer

Die Seejungfrauen steckten das Schreiben in das Gewand des Jünglings zurück und schwammen still und traurig davon. Als sie sich weit genug vom Leichnam des toten Soldaten entfernt hatten, sammelten sie sich und eine von ihnen sagte: «Noch härter als das grausame Herz Neptuns ist das Herz der Menschen.»

Geheimnisse des Herzens

Lied des Menschen

Seit Anbeginn war ich,
und ich bin.
Ich werde sein
bis zum Ende der Zeiten,
denn ich bin ohne Ende.

Ich schwebte im Raum der Unendlichkeit
und in den Welten der Fantasie;
ich näherte mich dem Lichtkreis.
Doch nun bin ich ein Gefangener der Materie.

Ich lauschte den Lehren des Konfuzius
und der Weisheit des Brahma.
Ich setzte mich neben Buddha
unter den Baum der Erkenntnis.
Doch nun ringe ich mit Unwissen und Unglauben.

Ich war auf dem Sinai,
als der Herr dem Moses erschien;
am Jordanufer war ich Zeuge
der Wunder des Nazaräers,
und in Medina hörte ich die Worte
des Propheten der Araber.
Doch siehe, nun bin ich ein Opfer des Zweifels.

Ich erlebte Babylons Macht,
Ägyptens Ruhm
und die Größe Griechenlands.

Und nun erblicke ich weit und breit
die Schwäche und Niedrigkeit
aller menschlichen Taten.

Ich setzte mich zusammen
mit den Magiern von Endor,
mit den Priestern Assyriens
und den Propheten Palästinas,
und ich höre nicht auf,
die Wahrheit zu suchen.

Ich befolgte die Weisheit Indiens,
lernte die Poesie auswendig,
die aus den Herzen der Araber stammt,
und ich lauschte der Musik
der Völker des Westens.

Doch nun bin ich blind
und kann nicht mehr sehen,
bin taub und vermag nicht mehr
zu hören.

Ich ertrug die Grausamkeit
unersättlicher Eroberer,
litt unter der Ungerechtigkeit
und Willkür der Mächtigen
und ertrug die Knechtschaft
der Tyrannen.
Nun bin ich stark genug,
um mit den Tagen zu kämpfen.

All dies hörte und sah ich,
als ich noch Kind war.
Ich sehe und höre nun
die Werke der Jugend.
Dann werde ich alt
und vollkommen werden,
und ich werde zu Gott zurückkehren.

Seit Anbeginn war ich,
und ich bin.
Ich werde sein
bis zum Ende der Zeiten,
denn ich bin ohne Ende.

Eine Träne und ein Lächeln

Vom Vergnügen

Dann trat ein Einsiedler vor, der die Stadt einmal im
Jahr besuchte, und sagte:
Sprich uns vom Vergnügen.
Und er antwortete und sagte:
Vergnügen ist ein Lied der Freiheit,
Aber es ist keine Freiheit.
Es ist die Blüte eurer Wünsche,
Aber es ist nicht ihre Frucht.
Es ist eine Tiefe, die nach einer Höhe ruft,
Aber es ist weder tief noch hoch.
Es ist das Vergitterte, das sich davonschwingt,
Aber es ist nichts Raumumfassendes.
Ja, wahrhaftig, Vergnügen ist ein Lied der Freiheit.
Und gerne hätte ich, ihr würdet es aus vollem Herzen
singen; doch will ich nicht, daß ihr eure Herzen beim
Singen verliert.

Einige Junge unter euch suchen das Vergnügen, als sei
es alles, und sie werden getadelt und verurteilt.
Ich würde sie weder tadeln noch verurteilen. Ich würde
sie suchen lassen.
Denn sie werden Vergnügen finden, aber nicht es allein;
Sieben Schwestern hat es an der Zahl, und die gering-
ste von ihnen ist schöner als das Vergnügen.
Habt ihr nicht von dem Mann gehört, der in der Erde
nach Wurzeln grub und einen Schatz fand?
Und einige Ältere unter euch erinnern sich an Vergnü-

gungen mit Bedauern wie an Untaten, begangen in der
Trunkenheit.

Aber Bedauern ist die Trübung des Geistes und nicht
seine Läuterung.

Sie sollten sich ihrer Vergnügungen mit Dankbarkeit
erinnern, wie an die Ernte eines Sommers.

Doch wenn Bedauern sie tröstet, soll es sie trösten.

Und es sind welche unter euch, die weder jung genug
sind, um zu suchen, noch alt genug, um sich zu erinnern;

Und in ihrer Angst vor dem Suchen und Erinnern
scheuen sie alle Vergnügungen, damit sie den Geist
nicht vernachlässigen oder sich daran versündigen.

Aber selbst in ihrem Verzicht liegt Vergnügen.

Und so finden auch sie einen Schatz, obwohl sie mit
zitternden Händen nach Wurzeln graben.

Aber sagt mir, wer kann den Geist verletzen?

Wird die Nachtigall die Stille der Nacht verletzen oder
der Glühwurm die Sterne?

Und wird eure Flamme oder euer Rauch dem Wind
etwas aufbürden?

Meint ihr, der Geist sei ein stiller Tümpel, den ihr mit
einem Stab aufwirbeln könnt?

Oft, indem ihr euch Vergnügen versagt, verlagert ihr bloß
das Verlangen danach in die dunklen Winkel eures Seins.

Wer weiß, ob was heute ausgelassen scheint, nicht auf
morgen wartet?

Selbst euer Körper kennt sein Erbe und seine berech-
tigten Bedürfnisse und will nicht betrogen werden.

Und euer Körper ist die Harfe eurer Seele,

Und es ist an euch, süße Musik aus ihm zu locken oder wirre Töne.

Und nun fragt ihr in eurem Herzen: «Wie sollen wir das Gute am Vergnügen von dem unterscheiden, was nicht gut ist?»

Geht auf eure Felder und in eure Gärten, und ihr werdet lernen, daß es der Biene ein Vergnügen ist, Honig aus der Blume zu sammeln,

Aber es ist auch der Blume ein Vergnügen, ihren Honig der Biene zu geben.

Denn der Biene ist die Blume ein Quell des Lebens,

Und der Blume ist die Biene ein Bote der Liebe,

Und beiden, Biene und Blume, ist es Bedürfnis und Verzückung, Vergnügen zu geben und zu nehmen.

Leute von Orphalese, seid in euren Vergnügungen wie die Blumen und die Bienen.

Der Prophet

Der Verbrecher

An einer Straßenkreuzung saß ein Jüngling und bettelte. Sein kräftiger Körper war vom Hunger geschwächt. Er streckte seine Hände nach den Passanten aus und bat sie um Almosen, während er seine Armut und seinen Hunger beklagte.

Die Nacht brach herein. Seine Lippen waren trocken, seine Zunge schwer, und Hände und Magen waren leer. Da erhob er sich und verließ die Stadt. Am Stadtrand setzte er sich unter einen Baum und weinte bitterlich. Schließlich blickte er mit feuchten Augen zum Himmel und sagte:

«O Herr, ich ging zu den Reichen und bat um Arbeit. Sie wiesen mich ab wegen meiner abgetragenen Kleidung. Ich klopfte an die Tür einer Schule. Dort verweigerte man mir den Eintritt wegen meiner leeren Hände. Ich suchte eine Stelle, um mein tägliches Brot zu verdienen, doch niemand stellte mich ein aufgrund meines schlechten Sterns. So begann ich, um Almosen zu betteln... Deine Anhänger sahen mich und sagten: der ist stark und kräftig und kann arbeiten; wir wollen keine Faulheit unterstützen!

Du, o Herr, wolltest, daß meine Mutter mich zur Welt bringt. Dir verdanke ich mein Leben. Warum verweigern die Menschen mir das Brot, um das ich sie in deinem Namen bitte?»

In diesem Augenblick veränderte sich der Gesichtsausdruck des verzweifelten Jünglings. Er richtete sich auf, und seine Augen glänzten wie Sternschnuppen. Aus einem Zweig des Baumes, unter dem er stand, verfertigte er sich einen dicken Stock, zeigte damit auf die Stadt und rief:

«Ich bat um Brot im Namen der Liebe, aber niemand hörte mich. Jetzt werde ich es im Namen der Gewalt versuchen ...»

Die Zeit verging, und dieser Jüngling beugte die Nakken, um seinen Willen zu bekommen, und er unterdrückte die Menschen, um seine Begierden zu befriedigen. Sein Reichtum wuchs, und seine Brutalität war allgemein bekannt ... Er war beliebt bei Räubern und gefürchtet bei den Gesetzestreuen.

Eines Tages machte der Emir ihn zum Statthalter gemäß dem Vorgehen aller Prinzen, die ihresgleichen in wichtige Ämter wählen.

So machen die Menschen durch ihre Gleichgültigkeit aus Armen Verbrecher und infolge ihrer Herzenshärte aus friedfertigen Menschen Mörder.

Eine Träne und ein Lächeln

Ihr und wir

Wir sind die Söhne des Leides, ihr seid die Söhne der Lustbarkeit. Wir sind die Söhne des Leides und das Leid ist der Schatten eines Gottes, der in bösen Herzen keine Wohnstätte hat.

Wir sind leidvolle Geister und das Leid ist zu groß, um in kleinen Herzen Platz zu finden. Wenn ihr lacht, weinen wir und wehklagen. Wer einmal von seinen eigenen Tränen durchdrungen und gereinigt wurde, wird rein sein für immer.

Ihr versteht uns nicht, wir aber bieten euch unser Mitgefühl an. Ihr lauft mit dem Strom des Lebens um die Wette und haltet uns keines Blickes für würdig; wir aber sitzen am Ufer, sehen euch zu und lauschen euren seltsamen Stimmen.

Ihr versteht unser Rufen nicht, denn der Lärm des Tages erfüllt eure Ohren, die zugedeckt sind mit der harten Masse einer jahrelangen Gleichgültigkeit gegenüber der Wahrheit. Wir aber hören eure Gesänge, denn das Flüstern der Nacht hat das Innere eurer Herzen geöffnet. Wir sehen euch im hellen Kegel des Lichts stehen, ihr aber könnt uns nicht sehen, denn wir verweilen in der Dunkelheit, die die Augen öffnet.

Wir sind die Söhne des Leides. Wir sind Poeten, Propheten und Musikanten. Für die Gottheit weben wir ein Gewand aus den Fäden unseres Herzens, und die Hände der Engel füllen wir mit den Samen unseres inneren Selbst.

Ihr seid die Söhne des Strebens nach irdischem Vergnügen. Ihr legt eure Herzen in die Hände der Leerheit, denn die Berührung der Leerheit ist glatt und einladend.

Ihr nehmt Wohnung im Hause der Unwissenheit, denn in diesem Haus gibt es keine Spiegel, um eure Seelen zu betrachten.

Wir seufzen und unseren Seufzern entsteigt das Flüstern der Blumen, das Rascheln der Blätter und das Murmeln kleiner Bäche.

Wenn ihr euch über uns lustig macht, vermengt sich euer Hohn mit dem Zertrümmern von Schädeln, dem Rasseln von Ketten und dem Wehgeschrei aus den Abgründen. Wenn wir weinen, fallen unsere Tränen in das Herz des Lebens, so wie Tautropfen vom Auge der Nacht in das Herz der Morgendämmerung fallen. Wenn ihr lacht, verströmt sich euer Hohngelächter wie Viperngift in einer Wunde.

Wir weinen und fühlen mit dem elenden Wanderer und der bekümmerten Witwe. Ihr aber frohlockt und lächelt beim Anblick glänzenden Goldes.

Wir weinen, denn wir lauschen dem Klagen der Armen und dem Gram der unterdrückten Schwachen. Ihr aber lacht, denn ihr hört nichts als das fröhliche Klingen der Weingläser.

Wir weinen, denn unser Geist ist getrennt von Gott. Ihr aber lacht, denn eure Körper krallen sich in Sorglosigkeit an die Erde.

Wir sind die Söhne des Leides und ihr seid die Söhne der Lustbarkeit… Laßt uns das Ergebnis unseres Leidens an den Taten eurer Lustbarkeit messen, vor dem Angesicht der Sonne...

Ihr habt die Pyramiden auf den Herzen der Sklaven errichtet; die Pyramiden stehen nun da auf dem Sand der Zeitalter zum Gedächtnis an unsere Unsterblichkeit und eure Vergänglichkeit.

Ihr habt Babylon auf den Gebeinen der Schwachen gebaut und die Paläste von Ninive auf den Gräbern der Armen. Heute ist Babylon der Fußabdruck eines Kamels im gleitenden Sand der Wüste und seine Geschichte wird von den Völkern erzählt, die uns segnen und euch verfluchen. Wir haben den wohltuenden Gesang Nahawands auf den Saiten der Instrumente gespielt und bewirkt, daß der Geist des Geliebten in den Himmeln bei uns schwebt; wir haben das höchste Wesen in Worten und Taten gepriesen. Die Worte wurden wie die Worte Gottes und die Taten wurden zur überwältigenden Liebe der Engel.

Ihr sucht das Vergnügen, dessen scharfe Klauen Tausende von Märtyrern in den Arenen Roms und Antiochias zerrissen haben... Wir aber suchen die Stille, deren sorgsame Finger die Ilias, das Buch Hiob und die Klagen des Jeremias aufgezeichnet haben...

Ihr legt euch nieder zur Lust, deren Stimme viele Tausende Prozessionen von Frauenseelen hinweggefegt hat in die Höhle der Schande und des Schreckens... Wir aber umarmen die Einsamkeit, aus deren Schatten Hamlet und Dante hervorkamen.

Ihr buhlt um die Gunst der Habgier, und die scharfen Schwerter der Habgier haben Tausende Flüsse Blutes vergossen... Wir aber suchen Gemeinschaft mit der

Wahrheit, und die Hände der Wahrheit haben Wissen vom Kreis des Lichts gebracht.

Wir sind die Söhne des Leides und ihr seid die Söhne der Lustbarkeit. Zwischen unserem Leid und eurer Lustbarkeit liegt ein rauher und enger Pfad, auf dem eure feurigen Pferde nicht vorwärtskommen und eure großartigen Kutschen keine Durchfahrt finden.

Wir schätzen eure Kleinheit gering, so wie ihr unsere Grüße haßt. Und zwischen unserer Geringschätzung und eurem Haß steht bestürzt die Zeit. Wir kommen zu euch als Freunde, ihr aber greift uns an wie Feinde. Und zwischen unserer Freundschaft und eurer Feindschaft liegt eine tiefe Schlucht, angefüllt mit Blut und Tränen.

Wir errichten euch Paläste, ihr aber schaufelt Gräber für uns. Und zwischen der Schönheit des Palastes und der Dunkelheit des Grabes wandert die Menschheit wie eine Schildwache mit eisernen Waffen.

Ihr bestreut euren Pfad mit Rosen, unser Bett aber bedeckt ihr mit Dornen. Und zwischen den Rosen und den Dornen schlummert unruhig die Wahrheit.

Seit dem Beginn der Welt habt ihr mit eurer gewöhnlichen Schwachheit unsere sanfte Macht bekämpft. Und wenn ihr für eine Stunde über uns triumphiert, dann quakt ihr laut lärmend wie die Frösche des Wassers. Aber wenn wir euch überwinden und für ein Zeitalter unterwerfen, verhalten wir uns wie schweigende Riesen.

Ihr habt Jesus gekreuzigt und habt unter dem Kreuz gestanden mit Gotteslästerung und Spott. Er aber stieg vom Kreuz herab, überwand die Generationen und wandelte unter euch als Held, und das Universum war erfüllt von seinem Ruhm und seiner Schönheit.

Ihr habt Sokrates vergiftet und Paulus gesteinigt, Ali Talib umgebracht und Madhat Pascha gemordet und dennoch sind sie unsterblich und bei uns vor dem Angesicht der Ewigkeit.

Ihr aber lebt in der Erinnerung der Menschen wie Leichen auf dem Angesicht der Erde; und ihr könnt keinen Freund finden, der willens wäre, euch zu begraben in die Dunkelheit des Nichts und des Vergessens, die ihr auf Erden gesucht habt.

Wir sind die Söhne des Leides, und das Leid ist wie eine volle Wolke, die die Menge mit Wissen und Wahrheit überschüttet.

Ihr seid die Söhne der Lustbarkeit, und wie hoch immer eure Lust reichen mag, nach den Gesetzen Gottes muß sie von den Winden des Himmels zerstört und ins Nichts zerstreut werden, denn sie ist nur eine dünne, schwankende Säule von Rauch.

Geheimnisse des Herzens

Der Heilige

In meiner Jugend besuchte ich einmal einen Heiligen in seinem stillen Hain hinter den Hügeln. Als wir uns gerade über das Wesen der Tugend unterhielten, sahen wir einen Räuber, der schwerfällig und erschöpft die Anhöhe hinaufstieg.

Als der Räuber den Hain endlich erreicht hatte, kniete er vor dem Heiligen nieder und sagte:
«O heiliger Mann, ich suche Trost bei dir, denn meine Sünden bedrücken mich sehr!»
Der Heilige antwortete: «Auch meine Sünden bedrücken mich!»
Der Räuber sprach: «Aber ich bin ein Dieb und Plünderer.»
Der Heilige entgegnete ihm: «Auch ich bin ein Dieb und Plünderer.»
Der Räuber fuhr fort: «Ich bin sogar ein Mörder, und das vergossene Blut vieler Menschen schreit in meinen Ohren.»
Der Heilige antwortete: «Auch ich bin ein Mörder, und auch in meinen Ohren schreit das Blut vieler Menschen.»
Der Räuber sprach: «Ich habe zahllose Verbrechen begangen.»
«Auch ich beging Verbrechen ohne Zahl», erwiderte der Heilige.
Da stand der Räuber von seinen Knien auf und starr-

te den Heiligen fassungslos und mit einem sonderbaren Blick an. Nachdem er uns verlassen hatte, hüpfte er leichtfüßig den Hügel hinunter.

Ich fragte den Heiligen: «Warum hast du dich all der Verbrechen bezichtigt, die du nie begangen hast? Hast du nicht bemerkt, daß dieser Mann nicht mehr an dich glaubte, als er dich verließ?»
Der Heilige entgegnete mir: «Es stimmt, daß er nicht mehr an mich glaubte, als er mich verließ. Aber er ging getröstet hinweg.»
In diesem Augenblick hörten wir den Räuber von weitem singen, und das Echo seines Liedes erfüllte das Tal mit Freude.

Der Vorbote

Als meine Sorge zur Welt kam

Als meine Sorge zur Welt kam, hegte und pflegte ich sie mit zärtlicher Liebe.

Wie alles Lebende wuchs sie, wurde stark und schön und war voll wunderbarer Freuden.

Wir liebten einander, meine Sorge und ich, und liebten die Welt rings um uns. Denn meine Sorge war freundlich, und ich war freundlich zu ihr.

Wenn wir miteinander sprachen, meine Sorge und ich, vergingen die Tage im Flug, und wundervolle Träume schmückten unsere Nächte. Denn meine Sorge hatte eine beredte Zunge, und ich redete viel mit ihr.

Wenn wir miteinander sangen, meine Sorge und ich, saßen die Nachbarn an den Fenstern, denn unsere Lieder waren tief wie das Meer, und unsere Melodien riefen ferne Erinnerungen zurück.

Wenn wir miteinander auf der Straße gingen, meine Sorge und ich, blickten die Leute uns wohlwollend nach und flüsterten die schönsten Sachen. ...

Aber wie alles Lebende starb meine Sorge, und nun bin ich mit meinen Gedanken allein.

Jetzt tönen meine Worte plump in meinen Ohren. Keine Nachbarn kommen, um meine Lieder zu hören. Niemand blickt mir nach, wenn ich über die Straße gehe. Nur im Schlaf höre ich mitleidige Stimmen sagen: «Seht, hier liegt der Mann, dessen Sorge gestorben ist.»

Der Narr

Und als meine Freude zur Welt kam

Und als meine Freude zur Welt kam, hielt ich sie in meinen Armen, stieg auf das Hausdach und rief: «Kommt, Nachbarn, kommt und seht, die Freude wurde mir heute geboren. Kommt und seht das frohe Ding, wie es in der Sonne lacht!»

Aber keiner der Nachbarn kam, um meine Freude anzusehen. Das überraschte mich sehr.

Sieben Monate lang rief ich jeden Tag meine Freude auf dem Hausdach aus – aber niemand beachtete mich. So blieben meine Freude und ich allein, ungesucht und unbesucht.

Weil sie kein anderes Herz entflammen konnte, und weil nur meine Lippen die ihren küßten, wurde meine Freude blaß und krank.

Und dann starb meine Freude an der Einsamkeit. Jetzt erinnere ich mich meiner toten Freude nur, wenn ich mich meiner toten Sorge erinnere. Aber Erinnerung ist wie ein Blatt im Herbst, das eine Weile im Wind raschelt und dann nicht mehr zu hören ist.

Der Narr

Vom Guten und Bösen

Und einer der Ältesten der Stadt sagte:
Sprich uns vom Guten und Bösen.
Und er antwortete:
Vom Guten in euch kann ich sprechen, aber nicht vom Bösen.
Denn was ist das Böse anderes als das Gute, von seinem eigenen Hunger und Durst gequält?
Wahrhaftig, wenn das Gute hungrig ist, sucht es Nahrung sogar in dunklen Höhlen; und wenn es durstig ist, trinkt es sogar aus toten Gewässern.
Ihr seid gut, wenn ihr eins mit euch seid.
Doch wenn ihr nicht eins mit euch seid, seid ihr dennoch nicht böse.
Denn ein uneiniges Haus ist keine Räuberhöhle; es ist nur ein entzweites Haus.
Und ein Schiff ohne Ruder kann ziellos zwischen gefährlichen Inseln treiben und doch nicht auf den Grund sinken.
Ihr seid gut, wenn ihr danach strebt, von euch selber zu geben.
Doch ihr seid nicht böse, wenn ihr danach trachtet, etwas für euch selber zu gewinnen.
Denn wenn ihr nach Gewinn trachtet, seid ihr nichts als eine Wurzel, die sich an die Erde klammert und an ihrer Brust saugt.
Sicher kann die Frucht nicht zur Wurzel sagen: «Sei wie ich, reif und voll, und gib immer von deiner Fülle.»

Denn für die Frucht ist das Geben eine Notwendigkeit, so wie Empfangen eine Notwendigkeit für die Wurzel ist.

Ihr seid gut, wenn ihr hellwach seid in eurer Rede.

Doch ihr seid nicht böse, wenn ihr schlaft, während eure Zunge ziellos stammelt.

Und selbst holpriges Reden kann eine schwache Zunge kräftigen.

Ihr seid gut, wenn ihr fest und mit kühnen Schritten auf euer Ziel zugeht.

Doch ihr seid nicht böse, wenn ihr hinkend darauf zugeht.

Selbst die Hinkenden gehen nicht rückwärts.

Aber ihr, die ihr stark und schnell seid, seht zu, daß ihr nicht vor den Lahmen hinkt und es für Freundlichkeit haltet.

Ihr seid auf zahllose Weisen gut, und ihr seid nicht böse, wenn ihr nicht gut seid,

Ihr seid nur säumig und faul.

Schade, daß die Hirsche den Schildkröten nicht Schnelligkeit beibringen können.

In eurer Sehnsucht nach eurem höchsten Ich liegt eure Güte: und diese Sehnsucht ist in allen von euch. Aber in einigen von euch ist diese Sehnsucht ein Wildwasser, das mit Macht zum Meer rast und die Geheimnisse der Hügel und die Lieder des Waldes mit sich trägt.

Und in anderen ist sie ein flacher Bach, der sich in Windungen und Biegungen verliert und sich aufhält, ehe er die Küste erreicht.

Aber wer viel ersehnt, sage nicht zu dem, der wenig ersehnt: «Warum bist du so langsam und zaghaft?»

Denn der wahrhaft Gute fragt nicht den Nackten: «Wo ist dein Gewand?» und auch nicht den Obdachlosen: «Was ist mit deinem Haus geschehen?»

Der Prophet

Der Kapitalist

Auf meinen Streifzügen kam ich einmal auf eine Insel, auf der ein Monstrum lebte, das einen menschlichen Kopf und eiserne Hufe hatte. Ununterbrochen sah ich es von der Erde essen und vom Meer trinken. Nachdem ich es eine ganze Weile beobachtet hatte, näherte ich mich ihm und sagte:

«Bekommst du denn nie genug davon? Wird dein Hunger nie gesättigt und dein Durst nie gestillt werden?»

Das Monstrum antwortete: «Doch, ich bin gesättigt; ich bin sogar des Essens und Trinkens überdrüssig! Aber ich habe Angst, daß es morgen keine Erde mehr geben wird, von der ich essen kann, und kein Meer, von dem ich trinken kann.»

Der Vorbote

Der Totengräber

In einer Nacht, in der die Sterne vom Nebel verhüllt und die Stille von Furcht erfüllt waren, wanderte ich einsam durch das Tal des Lebensschattens, dessen Wege mit Knochen und Totenschädeln gepflastert waren.

Am Ufer des Flusses aus Blut und Tränen, der einer gefleckten Schlange glich und wie die Träume von Verbrechern vorüberfloß, hielt ich an, lauschte dem Flüstern der Phantome und starrte ins Nichts.

Als sich Mitternacht näherte, die Zeit, in der die Geister ihre Verstecke zu verlassen pflegen, hörte ich schwere Schritte, die sich mir näherten.

Und dann erschien vor mir eine riesige, furchtein-flößende Gestalt.

Entsetzt rief ich: «Was willst du von mir?»

Er sah mich an mit Augen, die wie Lampen glühten, und antwortete ruhig: «Ich will nichts und alles!»

«Laß mich in Ruhe und geh deines Weges!»

Lächelnd entgegnete er: «Mein Weg ist dein Weg! Ich gehe dahin, wohin du gehst, und ich bleibe stehen, wo du stehenbleibst.»

«Ich kam hierher, weil ich die Einsamkeit suche», sagte ich, «also, laß mich allein!»

«Ich bin die Einsamkeit», antwortete er. «Warum fürch-test du dich vor mir?»

«Ich fürchte mich nicht vor dir!»

Darauf sagte er: «Wenn du keine Angst hast, warum zit-terst du dann wie ein Schilfrohr im Wind?»

«Der Wind spielt mit meinen Kleidern, so daß sie zittern. Ich selbst zittere nicht.»

Da brach er in schallendes Gelächter aus, das sich wie ein Sturm anhörte. Dann sagte er: «Du bist ein Feigling, der Angst vor mir hat und Angst vor seiner Angst. Deine Angst ist also doppelt, und du versuchst, sie hinter einer Lüge zu verbergen, die so hauchdünn ist wie ein Spinnengewebe. Deshalb lache ich und ärgere mich gleichzeitig.»

Er setzte sich auf einen Felsvorsprung und forderte mich auf, ihm gegenüber Platz zu nehmen. Ich sah in sein furchterregendes Gesicht. Nach einer Weile, die mir wie tausend Jahre erschien, blickte er mich spöttisch an und fragte mich nach meinem Namen.

«Ich heiße Abdallah*!» sagte ich.

Er entgegnete: «Wie zahlreich sind doch die Diener Gottes, und wie gewaltig sind die Mühen Gottes mit seinen Dienern! Hättest du dich nicht lieber ‹Herr der Dämonen› genannt und auf diese Weise dem Unglück der Dämonen noch ein weiteres hinzugefügt?»

«Ich heiße Abdallah», wiederholte ich, «und dieser Name ist mir lieb, denn mein Vater gab ihn mir bei meiner Geburt. Ich werde ihn gegen keinen anderen Namen tauschen.»

«In der Tat», bemerkte er. «Die Heimsuchung der Söhne besteht in den Gaben der Väter; und derjenige, der sich nicht freimacht von den Gaben seiner Väter und Vorväter, bleibt ein Knecht der Toten, bis er selber zu ihnen gehört.»

* Der Name heißt übersetzt: «Diener Gottes».

Ich senkte meinen Kopf und dachte über seine Worte nach, und ich erinnerte mich an Erfahrungen, die seinen Worten entsprachen. Dann fragte er mich: «Welcher Beschäftigung gehst du nach?»

«Ich schreibe Gedichte und Prosa», antwortete ich, «ich mache mir meine Gedanken über das Leben und teile sie anderen mit.»

«Das ist ein veralteter Beruf, den kaum noch jemand ausübt und der den Menschen weder nützt noch schadet», sagte er.

«Und was soll ich deiner Meinung nach tun, um den Menschen von Nutzen zu sein?» erkundigte ich mich.

«Werde Totengräber!» antwortete er. «Auf diese Weise befreist du die Lebenden von den Kadavern, die sich um ihre Häuser, Gerichtshöfe und Tempel auftürmen.»

Ich sagte: «Bis jetzt habe ich noch keine Kadaver vor den Häusern gesehen.»

«Du schaust mit den Augen der Illusion», erwiderte er. «Du siehst, wie die Menschen vor dem Sturm des Lebens zittern, und hältst sie für lebendig. In Wahrheit sind sie seit ihrer Geburt tot, aber sie fanden niemanden, der sie begräbt; so blieben sie auf der Erde liegen, und der Geruch der Verwesung geht von ihren Körpern aus.»

Meine Angst vor ihm ließ allmählich nach, und ich fragte ihn: «Wie soll ich denn die Lebenden von den Toten unterscheiden, wo doch beide vor dem Sturm zittern?»

Er antwortete: «Der Tote zittert vor dem Sturm; der Lebende läuft mit ihm und hält nur an, wenn der Sturm aufhört.»

Bei diesen Worten stützte er sich auf seine Hand auf, und sein muskulöser Arm sah aus wie der Stamm einer kraftstrotzenden Eiche. Nach einer Weile fragte er mich: «Bist du verheiratet?»

«Ja», sagte ich, «und ich habe eine schöne Frau, in die ich sehr verliebt bin.»

«Wie zahlreich sind doch deine Vergehen und Fehler!» entgegnete er. «Weißt du nicht, daß die Ehe die Versklavung des Menschen zugunsten der Fortpflanzung ist? Wenn du frei sein willst, so trenne dich von deiner Frau und lebe dein eigenes Leben!»

«Ich habe drei Kinder», gab ich zu bedenken, «das älteste spielt mit Bällen, und das jüngste kann noch nicht sprechen. Was soll ich mit ihnen machen?»

«Bring ihnen bei, Gräber zu graben», sagte er. «Dann gib ihnen eine Schaufel, und laß sie ans Werk gehen!»

Ich erwiderte: «Aber ich kann die dauernde Einsamkeit nicht ertragen. Ich habe mich an das Leben im Kreise meiner Familie gewöhnt, und wenn ich sie verlasse, verläßt mich das Glück.»

«Das Leben des Mannes mit Frau und Kindern ist finsteres Elend unter hellem Anstrich», entgegnete er. «Wenn du aber nicht unverheiratet leben kannst, so heirate eine Tochter der Dschinnen!»

Überrascht von diesem Vorschlag sagte ich: «Die Dschinnen sind keine realen Lebewesen. Warum suchst du mich zu täuschen?»

«Wie unwissend du doch bist, junger Mann!» antwortete er. «Nur die Dschinnen sind reale Wesen, und wer nicht zu ihnen gehört, gehört der Welt des Zweifels und der Verwirrung an.»

«Sind die Töchter der Dschinnen schön und anmutig?» wollte ich wissen.

«Sie besitzen eine Anmut, die nicht vergeht, und eine Schönheit, die nicht welkt», war seine Antwort.

«Zeig mir eine Dschinnentochter, und ich lasse mich überzeugen!»

Er erwiderte: «Wenn es dir möglich wäre, eine Dschinnentochter zu sehen und zu berühren, hätte ich dir nicht geraten, sie zu heiraten.»

«Und was nützt mir eine Frau, die ich weder sehen noch berühren kann?» fragte ich ihn.

«Es ist ein langfristiger Nutzen», sagte er, «der im allmählichen Aussterben der Toten besteht, die vor dem Sturm zittern und sich nicht mit ihm fortreißen lassen.»

Eine Weile wandte er sein Gesicht von mir ab; dann sah er mich wieder an und fragte: «Was ist deine Religion?»

Ich antwortete: «Ich glaube an Gott und ehre seine Propheten; ich liebe die Tugend und hoffe auf ein Weiterleben nach dem Tod.»

«Das sind Worte, die du von vergangenen Generationen übernommen hast», sagte er. «Die Wahrheit ist, daß du nur an dich selbst glaubst, nur dich selbst ehrst, nur deinen eigenen Neigungen nachgehst und deine eigene Unsterblichkeit erhoffst. Seit Anbeginn liebt der Mensch nur sein eigenes Ich, dem er unterschiedliche Namen gibt – je nach seinen augenblicklichen Vorstellungen: mal ist der Name Baal, mal Jupiter, mal Allah.» Dann lachte er spöttisch und fuhr fort: «Wie seltsam sind doch diejenigen, die sich selbst anbeten, obwohl sie verwesende Kadaver sind!»

Ich überdachte seine Worte und entdeckte darin einen Sinn, der sonderbarer war als das Leben, schrecklicher als der Tod und tiefer als die Wahrheit, und mein Geist schwankte, ob er ihm Respekt zollen sollte aufgrund seiner Ideen oder Sympathie wegen der Preisgabe seiner Geheimnisse. Dann fragte ich ihn: «Wenn du einen Gott hast, so sage mir bei diesem Gott, wer du bist!»

«Ich bin mein eigener Gott», entgegnete er.

«Und wie heißt du?»

«Ich bin der verrückte Gott.»

«Wo bist du geboren?»

«Überall!»

«Und wann bist du geboren?»

«Zu jeder Zeit!»

«Wer lehrte dich die Weisheit, und wer offenbarte dir die Geheimnisse des Lebens?»

«Ich bin nicht weise», entgegnete er. «Die Weisheit ist eine Eigenschaft schwacher Menschen. Ich hingegen bin stark: Wenn ich gehe, zittert die Erde unter meinen Schritten, und wenn ich stehenbleibe, hält der Reigen der Gestirne an. Ich habe vom Satan gelernt, mich über die Menschen lustig zu machen. Ich erfuhr die Geheimnisse des Seins und Nichtseins, als ich die Könige der Dschinnen und die Mächtigen der Nacht begleitete.»

«Und was machst du in diesem unzugänglichen Tal», wollte ich wissen. «Wie verbringst du deine Tage und Nächte?»

«Am Morgen schmähe ich die Sonne, am Mittag verspotte ich die Menschen, am Abend verfluche ich die Natur, und in der Nacht knie ich nieder und bete mich selber an.»

«Und was ißt du, was trinkst du und wo schläfst du?»

«Ich und die Zeit und das Meer, wir schlafen nie, wir

ernähren uns von den Körpern der Menschen, trinken ihr Blut und schmücken uns mit ihrem Atem.» Nach diesen Worten stand er auf, kreuzte seine Arme über seine Brust, und indem er mir in die Augen schaute, sagte er mit ruhiger Stimme: «Auf Wiedersehen! Ich gehe dorthin, wo sich die Dämonen und Riesen treffen.»

Ich rief ihm nach: «Halt, ich habe noch eine Frage an dich!»

Er antwortete, während der Nebel ihn schon zum Teil verhüllte: «Verrückte Götter gewähren keinen Aufschub! Auf Wiedersehen!»

Hinter einem Schleier aus Finsternis entschwand er meinen Blicken. Ich blieb verwirrt zurück, ratlos in bezug auf mich und auf ihn.

Und als ich mich von diesem Ort entfernte, hörte ich das Echo seiner Stimme zwischen den Felsen: «Auf Wiedersehn! Auf Wiedersehn!»

Am nächsten Tag trennte ich mich von meiner Frau und heiratete eine junge Dschinnentochter. Dann gab ich meinen Kindern Schaufeln und Spaten und forderte sie auf: «Geht, und immer wenn ihr einen Toten seht, begrabt ihn!»

Seit dieser Stunde bin ich damit beschäftigt, Gräber auszuheben und Tote zu begraben. Aber die Toten sind so zahlreich, und ich bin allein; niemand hilft mir.

Die Stürme

Ein Blick in die Zukunft

Von jenseits der Mauer der Gegenwart hörte ich die Lobpreisungen der Menschheit.

Ich hörte die Glocken mit gewaltiger Stimme den Beginn des Gebetes im Tempel der Schönheit verkünden, Glocken, die aus dem kräftigen Metall der Gefühle gegossen und über dem Schrein des menschlichen Herzens errichtet waren.

Hinter der Mauer der Zukunft sah ich eine Menschenmenge an der Brust der Natur, der aufgehenden Sonne zugewandt, die Fülle des Morgenlichts erwarten – des Morgens der Wahrheit.

Ich sah die zerstörte Stadt, von der nichts übriggeblieben war als Ruinen, die von der Flucht der Dunkelheit vor der Ankunft des Lichtes berichten.

Ich sah die Alten im Schatten von Pappeln und Weiden sitzen, während die Kinder um sie herumstanden und ihren Geschichten lauschten.

Ich sah junge Männer auf Gitarren und Flöten spielen; junge Mädchen umtanzten sie mit gelösten Haaren unter Jasminzweigen.

Ich sah Männer das Getreide ernten; während die Frauen die Garben trugen, sangen sie Lieder, die ihre Freude und ihr Glück ihnen eingaben.

Und eine Frau sah ich, die ihre abgetragenen Kleider durch eine Krone aus Lilien und einen Gürtel aus frischen grünen Blättern ersetzte.

Es bestand eine Harmonie zwischen dem Menschen und

allen Kreaturen: Scharen von Vögeln und Schmetterlingen näherten sich ihm vertrauensvoll, und eine Gruppe von Gazellen umstand ihn unbekümmert am Teich.

Ich konnte weder Mangel noch Überfluß entdecken; wo ich auch hinsah, bemerkte ich Brüderlichkeit und Gleichheit.

Weder sah ich einen Arzt – denn jeder war sein eigener Arzt aufgrund seiner Erkenntnisse und Erfahrungen –, noch sah ich einen Priester, denn das Gewissen war einem jeden sein Hoherpriester. Auch Rechtsanwälte gab es nicht, denn anstelle des Tribunals schloß die Natur die Verträge.

Und der Mensch war sich bewußt, Eckstein der Schöpfung zu sein; alles Niedrige und Engstirnige lag ihm fern. Er hatte von seiner Seele den Schleier der Verwirrung entfernt und war imstande zu lesen, was die Wolken auf das Gesicht des Himmels schreiben und der Wind auf die Oberfläche des Meeres; er verstand das Seufzen der Blumen und das Lied der Drosseln und der Nachtigallen.

Von jenseits der Mauer der Gegenwart sah ich auf der Bühne der zukünftigen Welt die Schönheit und den Geist als Braut und Bräutigam und das ganze Leben als «Nacht des Schicksals»*.

Eine Träne und ein Lächeln

---

* Die Nacht des Schicksals ist die 27. Nacht des muslimischen Fastenmonats Ramadan; Mohammad erhielt in dieser Nacht die erste Offenbarung. Man sagt, daß in dieser Nacht die Tore des Paradieses geöffnet sind.

Nachwort des Herausgebers

Khalil Gibran ist mit einem Buch und auf einen Schlag in aller Welt bekannt geworden: *Der Prophet* lautet der erst einmal wenig versprechende Titel. In 40 Sprachen übersetzt, wurde und wird dieses Buch bis auf den heutigen Tag millionenfach gekauft. Dies, obwohl es – oder weil es? – keine leichte Erbauungs- oder Unterhaltungslektüre bietet. Vielmehr darf es – im Duktus der alttestamentlichen Weisheitsliteratur verfaßt – als das philosophische Vermächtnis des Autors angesehen werden.

Doch Gibrans Werk umfaßt mehr, salopp formuliert: Schöneres und Weiseres. Und diese Schätze aus geschriebenen Worten und gemalten Bildern wurden und werden von einer Leserschaft gehoben, die willens ist, sich mit offenem Verstand und wachen Sinnen die Welt und unser Handeln auf ihr neu buchstabieren zu lassen.

So verdankt sich denn diese kleine Anthologie dem Wunsch, von Khalil Gibran mehr als den Gedankenreichtum und die Sprachgewalt, die der Prophet uns schenkt, zu bündeln und zu publizieren. Und diese Sammlung, die allenfalls einen Einblick in das umfangreiche Werk von Khalil Gibran ermöglichen kann, wird zudem ausweisen: Gibrans Texte sind so aktuell wie zur Zeit ihres Erscheinens, können fesseln und anrühren, anregen und ermuntern, als seien sie für alle Zeiten geschrieben.

Ihr Autor war arbeitswütig und von der Idee besessen, etwas Bleibendes zu schaffen, das die Welt würde im Guten beeinflussen. Er blieb unverheiratet, um von der Arbeit nicht abgelenkt zu werden und um der Frau das ihr Zustehende – alles, was die Liebe zwischen Aufmerksamkeit und Zuneigung fordert – nicht verweigern zu müssen. Und er ruinierte seine Gesundheit, um den Segnungen der ihm zugefallenen Gaben entsprechen zu können: Der Schriftsteller *und* Maler war gleichermaßen in der arabischen wie in der englischen Sprache zu Hause und konnte auch mit Pinsel und Zeichenstift die Kunstverständigen gewinnen.

Ganz zentrale Themen seines literarischen Werkes finden sich in den Texten dieser Sammlung wieder. Er ist Advokat der Armen und Rechtlosen, der Liebenden und Träumer; er kämpft für die Gleichstellung der Frau, so wie er für die Abschaffung jedweder Form der Unterdrückung eintritt. Er erzählt von Auf- und Ausbrüchen zu neuen Horizonten; er plädiert für eine Öffnung der Herzen gegenüber neuen Ideen und Visionen, für eine Befreiung aus der fremd- oder selbstverschuldeten Unmündigkeit, aus Lethargie und Bequemlichkeit.

Dabei stoßen der Autor und mit ihm seine Leserinnen und Leser immer wieder neu auf die existentiellen Fragen des Lebens: Auf die Frage nach dem, was Glück ist und was der Sinn des Lebens sein könnte; auf die Frage nach dem, wie ein Leben im Einklang mit der Natur zu führen wäre, und auf die Frage nach dem Menschen, der mit sich selbst wie mit seinen Mitmenschen in Einklang harmonisiert, der mit dem Gegenüber und nicht gegen den Anderen lebt, der die Freiheit auch des Andersgläubigen respektiert: «Mit einer Weisheit, die keine Tränen kennt, mit einer Philosophie, die nicht zu lachen versteht, und einer Größe, die sich nicht vor Kindern verneigt, will ich nichts zu tun haben.»

Die möglichen Antworten auf die Fragen, die ihm das Leben und die Khalil Gibran dem Leben stellt, sind keine vorschnellen Rezepturen, keine neunmalklugen Ratschläge; Gibrans Überlegungen erwachsen überzeugend und wie von selbst aus dem Personal und den Handlungen seiner Geschichten. Und sie bleiben für viele Menschen in so weiter Ferne, wie sie für Gibran selbst nur eine Ahnung, eine Vision blieben: Wie sehr sehnte er sich zurück nach den Zedern des Libanon, nach der Ruhe seines Heimatortes Becharré in der Nähe des Kadischa-Tales – und wie schwer muß es ihm gefallen sein, seinem Körper die langen Nachtstunden abzurin-

gen, um in der Hektik von New York das sich selbstauferleg-
te Arbeitspensum zu erledigen. Die Ruhe und Gelassenheit,
die Yussuf al-Fachry in der Erzählung *Der Sturm* erlangen
konnte, die mußte oder wollte sein Autor sich selbst verweigern.

Gibran hat keinem kurzfristigen Aktivismus das Wort geschrieben. Mit dem ihm eigenen Sprachstil und der ihm eigenen Gedankenführung gibt er seiner Prosa wie seiner Lyrik
einen beruhigenden Fluß. Dieser wiederum entwickelt einen
Sog, der nicht einschläfern, sondern zum Nachdenken und
zum Weiterhandeln ermuntern will. Ganz in diesem Sinne
versteht Gibran die Aufgabe eines weisen Lehrers: «Wenn er
wirklich weise ist, fordert er euch nicht auf, ins Haus seiner
Weisheit einzutreten, sondern führt euch an die Schwelle
eures eigenen Geistes.»

Die Schilderungen der Natur, die Bilder, die er für ihre
Schönheit und unsere Vorstellungskraft schafft, haben ihren
Ursprung in den Tagen der Geborgenheit, den Tagen seiner
Kindheit im ländlichen Libanon. Diesen Bildern der Unschuld
kontrastiert er die seiner Wahrnehmung der Unwirtlichkeit
der Städte mit all ihren Auswüchsen der sogenannten moder-
nen Zivilisation. So sucht er mit dem Zauber seiner Bilder-
sprache dem Leser eine andere Welt vor Augen zu führen, die
Leserin zu entführen in eine ferne und doch so nahe Welt, die
der Autor vor nun beinahe einem Jahrhundert zu erschaffen
begann, um Leserin und Leser eine eigene Reise zu ermöglichen – zu sich selbst, dem Mitmenschen und der Natur.

In der Parabel *Das ehrgeizige Veilchen* heißt es: «Das Ziel dieses Lebens ist das Streben nach einem höheren Sein.» Sollte
Khalil Gibran unter *einem höheren Sein* auch die Unsterblichkeit mitgefaßt haben, dann dürfte er dieses Lebensziel erreicht
haben: Seine Werke leben; und mit ihnen lebt Khalil Gibran,
den wie eine Leitlinie aus allen Tiefen des Lebens die Einsicht führte: «Und die Hoffnung ging vor mir her.»

Volker Fabricius

Kleine Biographie Khalil Gibrans

1883 Am 6. Januar wird Gibran Khalil Gibran (so der voll-
ständige Name) im Libanon in dem Ort Becharré im
Kadischa-Tal geboren; seine Mutter Kamileh ist jetzt in
dritter Ehe verheiratet.
Beide Eltern gehören der christlichen Kirche der Ma-
roniten an, die insbesondere im Libanon viele Angehö-
rige zählt.

1885 wird Gibrans Schwester Miriana und

1887 seine Schwester Sultanah geboren.

1894 Die Mutter emigriert mit ihren Kindern an die Ost-
küste der Vereinigten Staaten von Amerika und läßt sich
dort im chinesischen und syrischen Viertel von Boston
nieder. Sie will den vielen für sie unangenehmen Folgen der Inhaftierung ihres Mannes entfliehen.
Der Vater bleibt im Libanon. Er muß 3 Jahre aufgrund
einer Anklage wegen der Veruntreuung von Steuer-
geldern im Gefängnis verbringen (1891–1894). Als er
endlich freigesprochen wird, ist ein Großteil seines Be-
sitzes – Viehherden und Ländereien – für Bestechungs-
gelder und Gerichtskosten ausgegeben worden und
seine Ehe an den vielen Streitereien mit seiner Frau und
an den langen Jahren der Trennung von seiner Frau
zerbrochen.
Die Familie wird in Boston von den Hausarbeiten, die
die Mutter für andere Leute erledigt, und von Gibrans
älterem Stiefbruder ernährt, der einen kleinen Ge-
mischtwarenladen betreibt.

1897 kehrt Gibran in den Libanon zurück, um seine Mutter-
sprache und die arabische Literatur zu studieren.

1899 In Becharré verliebt sich Gibran unglücklich; die Erfahrungen dieses Erlebnisses wird er später in dem Roman
Gebrochene Flügel (1912) zum Ausdruck bringen.

1902 Im April ist Gibran wieder in Boston. Mit dem Vater, der den Berufswunsch des Sohnes, Künstler zu werden, nicht akzeptieren kann, hat Gibran sich überworfen. Wenige Tage vor seiner Ankunft stirbt seine Schwester Sultanah.

1903 In diesem Jahr sterben Gibrans Halbbruder und Mutter. In den Armenvierteln, in denen die Zugewanderten leben mußten, herrschten nicht nur Hunger, sondern auch Krankheiten, insbesondere die Tuberkulose, die ihm seine nächsten Verwandten raubte.

Seine Ausstrahlung und seine Zeichnungen öffnen Gibran die Türen zu den Häusern und Herzen vieler wohlsituierter Kunstmäzene in Boston. Sie organisieren Ausstellungen seiner Zeichnungen und unterstützen seine künstlerische Weiterentwicklung. Trotzdem muß Gibran den Laden seines Bruders ein Jahr weiterführen, bevor er ihn schuldenfrei verkaufen kann.

1904 Mary Haskell, 30 Jahre alt, Gründerin und Leiterin einer angesehenen Mädchenschule in Boston, lernt Gibran während einer Ausstellung seiner Bilder kennen und wird bis zu dessen Tod seine Gönnerin, Förderin und Freundin bleiben. Sie setzt sich aktiv für die Rechte der Frauen ein und ist eine Sympathisantin sozialistischer Ideen.

Gibran beginnt, für arabische Emigrantenzeitungen zu schreiben.

1905 erscheint sein erstes Buch *Die Musik*.

1906 Ebenfalls in arabischer Sprache und ebenfalls im New Yorker Verlag al-Muhajir erscheint *Die Nymphen der Täler* – eine bissige Kritik insbesondere an der Kirche seiner Heimat.

1908 Nachdem das dritte Buch *Rebellische Geister* kritisch in der arabischen Öffentlichkeit (über 200 Artikel) diskutiert worden ist – mit dem Vorwurf, der Autor sei ein Feind der Familie und der Tradition –, fragt sich Gibran, «ob meine Lehren eines Tages in der arabischen Welt verstanden werden, oder werden sie wie ein Schatten verschwinden?»

Im Juli trifft Gibran in Paris ein; hier möchte er Malen und Zeichnen studieren.

1909 Während Gibran nach eigenem Bekunden dem klassischen Stil anhängt, kritisiert er die moderne Kunst angesichts eines kubistischen Frauenbildnisses mit den Worten: «Haben diese irrsinnigen Künstler ihre Mütter, ihre Schwestern und ihre Geliebten vergessen? Oder haben sie jeden Sinn für Gefühl und Maß verloren, daß sie sich erlauben, den Körper der Frau so zu verzerren, diesen heiligen, göttlichen Körper?»

Näher beschäftigt er sich mit den Ideen der symbolistischen Malerei.

Im Frühsommer stirbt sein Vater, mit dem er sich in der Trauer versöhnt.

1910 Die Ideen der syrisch-libanesischen Verfechter einer Unabhängigkeit von der osmanischen Herrschaft greift Gibran begierig auf. In Beirut werden seine Bücher von den osmanischen Behörden öffentlich verbrannt.

Im November trifft Gibran wieder in Boston ein, wo ihm Mary Haskell anbietet, ihn mit 75 Dollar im Monat zu unterstützen, so daß er mit seiner Schwester Miriana das syrische Viertel verlassen und in einer ruhigeren Wohngegend Quartier beziehen kann.

1911 Mary Haskell lehnt einen Heiratsantrag Gibrans ab. Beide werden sich trotzdem zeitlebens in Liebe und Zuneigung verbunden bleiben.

In der Hoffnung, sich dort künstlerisch besser und weiter entfalten zu können, siedelt Gibran im April nach New York um; ein Appartement findet er in dem Künstlerviertel Greenwich Village.

1912 werden die *Gebrochenen Flügel* in arabischer Sprache veröffentlicht – ein Werk, das die fehlenden Rechte der Frau im Orient beklagt und die Form der Eheschließung als einen beklagenswerten Handel verurteilt.

1914 gibt Gibran den Band *Eine Träne und ein Lächeln* heraus, für das er ca. 50 Artikel auswählt, die er während seiner Pariser Zeit unter der gleichlautenden Rubrik in der Zeitung al-Muhajir veröffentlicht hatte.
Während seiner ersten Ausstellung, die er in der Montress Gallery veranstaltet, kann er fünf Bilder für über 6.000 Dollar verkaufen.

1916 engagiert sich Gibran für eine Lebensmittelhilfe, welche seinen vom Hunger gequälten Landsleuten im Libanon zugute kommen soll, die bei den türkischen Behörden keine Unterstützung finden können.
Gibran veröffentlicht zum ersten Mal in Englisch in einer amerikanischen literarischen Zeitschrift, *The seven Arts*, einige Beiträge, unter anderen die Parabel *Die größere See.*

1918 Mit drei Originalzeichnungen publiziert Gibran sein erstes englischsprachiges Buch, *Der Narr*, im New Yorker Alfred Knopf Verlag.

1919 kommt in arabischer Sprache *Der Reigen* heraus – ein Loblied auf die Natur, das Gibran selbst illustrierte. Die Ende dieses Jahres erscheinende Bildersammlung *Twenty Drawings* stellt neunzehn Aquarelle und ein Ölbild Gibrans vor, die eine Kritikerin zwischen «Symbolismus und Idealismus» ansiedelt.

1920 Auf englisch erscheint *Der Vorbote*, mit fünf Originalzeichnungen des Autors, und auf arabisch die Textsammlung *Die Stürme*, in der Gibran auch seine literarische Auseinandersetzung mit dem Thema «Unabhängiger Libanon» seiner Leserschaft vorstellt. Gibran favorisierte einen unabhängigen, laizistischen syrischen Staat mit einer selbständigen libanesischen Provinz. In diesem Staat sollten Religionen und Konfessionen friedlich miteinander leben können.
Am 1. September wird die Unabhängigkeit des Libanon proklamiert – mit dem Ziel, die Christen dieser Region in einem Staat zu vereinigen.

1921 Ein ärztliches Gutachten attestiert: «Nervenzusammen-
bruch verursacht durch Überarbeitung und Nahrungs-
mangel; nervöse Störungen. Ein unvermeidliches Re-
sultat ist das Herzflattern.» Gibran fragt daraufhin eine
Freundin, wie er sich «von den goldenen Ketten, die der
Ehrgeiz um meinen Hals legte», befreien solle.

1923 Nach Erscheinen seines bekanntesten und erfolgreichsten Buches *Der Prophet* werden ihm zu Ehren viele
große Empfänge organisiert, so auch von den Roose-
velts. Von der Originalversion mit den Zeichnungen
des Autors wird im Jahr 1973 das viermillionste Exem-
plar verkauft.

1926 *Sand und Schaum* kommt im Alfred Knopf Verlag heraus.

1928 Gibrans fünftes Buch in englischer Sprache *Jesus Menschensohn* wird von ihm mit dem bezeichnenden Unter-
titel *Seine Worte und Taten, berichtet von Menschen, die Ihn
kannten* versehen: Gibran läßt gut siebzig Zeitgenossen
Jesu ihre Erfahrungen mit dem Menschensohn berichten, läßt sie von ihrer Liebe zu ihm, von ihrer Neugier
und ihrem Haß erzählen.

1929 Trotz einer bedrohlichen Leberanschwellung unterzieht
sich Gibran nicht der angeratenen Operation.

1930 Wohl im Wissen um seinen gesundheitlichen Zustand
legt Gibran in seinem Testament fest, daß seine Schwester den geldlichen Besitz erhalten solle, während er
seinem Geburtsort Becharré die Einnahmen aus den
Autorenrechten und Mary Haskell alle Zeichnungen,
Bilder und Bücher zuspricht.

1931 Am 10. April erliegt Khalil Gibran im Alter von
47 Jahren der nicht mehr aufzuhaltenden Zirrhose an
seiner Leber. Sein Leichnam wird in den Libanon über-
führt und dort in der Nähe seiner Heimat – im ehe-
maligen Kloster Mar Sarkis, das gegenüber dem Heiligen Tal «Kadischa» liegt – beigesetzt.
Noch vor seinem Tod kann er die postum erscheinen-

den Bücher *Die Götter der Erde* und *Der Wanderer* fertig-
stellen.

1991 weiht der amerikanische Präsident George Bush in
Washington D. C. den «Gibran's Memorial Garden» ein.

(Diese kleine Lebensbeschreibung orientiert sich im wesentlichen
an der umfassenden Biographie von Jean-Pierre Dahdah, Khalil
Gibran. Walter Verlag, Zürich und Düsseldorf 1997.)

Zu den Bildern

Alle Bilder wurden von der Künstlerin Françoise Girardot Hiestand gemalt. Sie ist in Frankreich geboren und studierte in Paris an der Académie Montparnasse und den Arts appliqués.

Françoise Girardot Hiestand hat mehrere Bücher von Khalil Gibran im Walter Verlag mit ihren Bildern ausgestattet: *Der Prophet; Die sieben Worte der Weisheit; Die Musik / Der Reigen; Sand und Schaum* und *Die Nymphen der Täler.*

Diverse Ausstellungen in Paris, Genf, Besançon und Winterthur.

Die Bilder sind in Acryl und Ölfarben gemalt.

Umschlagbild: Laissez entier l'ange
Seite 9: Les enfants
Seite 39: La maison
Seite 81: Douleur
Seite 105: Descente des anges
Fotografien: Gérald Allain, Annemasse, Frankreich

Khalil Gibran

Die Nymphen der Täler

Drei Novellen

Aus dem Arabischen übertragen
von Ursula Assaf-Nowak und S. Yussuf Assaf
88 Seiten mit vier vierfarbigen Bildern
von Françoise Girardot Hiestand
Halbleinen mit Lesebändchen

«Die Nymphen der Täler» vereinigt drei Novellen dieses
bisher in deutscher Sprache noch nicht veröffentlichten
Frühwerks Khalil Gibrans.

«Der Staub der Jahrhunderte und das ewige Feuer» – eine
Hymne auf die Liebe.

«Martha aus Ban» – ein Plädoyer gegen die Unterdrückung der Frau.

«Johannes der Narr» – der Konflikt eines einfachen
Wahrheitsuchers mit den Vertretern seiner Kirche.

WALTER VERLAG

Khalil Gibran

Die Nymphen der Täler

Drei Novellen

Aus dem Arabischen übertragen
von Ursula Assaf-Nowak und S. Yussuf Assaf
88 Seiten mit vier vierfarbigen Bildern
von Françoise Girardot Hiestand
Halbleinen mit Lesebändchen

«Die Nymphen der Täler» vereinigt drei Novellen dieses
bisher in deutscher Sprache noch nicht veröffentlichten
Frühwerks Khalil Gibrans.

«Der Staub der Jahrhunderte und das ewige Feuer» – eine
Hymne auf die Liebe.

«Martha aus Ban» – ein Plädoyer gegen die Unterdrückung der Frau.

«Johannes der Narr» – der Konflikt eines einfachen
Wahrheitsuchers mit den Vertretern seiner Kirche.

WALTER VERLAG

Khalil Gibran

Die Musik und Der Reigen

Zwei Erzählungen

Aus dem Arabischen übertragen
von Ursula Assaf-Nowak und S. Yussuf Assaf
88 Seiten mit acht vierfarbigen Bildern
von Françoise Girardot Hiestand
Halbleinen mit Lesebändchen

«Als Gott den Menschen schuf, gab er ihm die Musik als
Sprache des Himmels und der Herzen. Es ist eine Sprache,
die anders ist als alle Sprachen, denn sie offenbart die
Geheimnisse der Seele und hält Zwiesprache mit dem
Herzen.»   *aus Die Musik*

«Das Trachten nach Ruhm und Ehre ist Torheit, dem
Jagen nach Seifenblasen vergleichbar.
Wenn der Mandelbaum seine Blüten aufs trockene Gras
streut, sagt er nicht: ‹Armes Gras! Sieh deinen Wohl-
täter!›»   *aus Der Reigen*

WALTER VERLAG